# 독일. 어느 겨울동화

세계문학의 숲 012
Deutschland. Ein Wintermärchen

# 독일,
# 어느 겨울동화

**하인리히 하이네** 지음
김수용 옮김

시공사

**일러두기**

1. 이 책은 1844년에 출간된 하인리히 하이네의 《독일. 어느 겨울동화(Deutschland. Ein Wintermärchen)》와 1847년에 출간된 《아타 트롤, 한 여름밤의 꿈(Atta Troll. Ein Sommernachtstraum)》을 우리말로 옮긴 것이다.
2. 번역은 1973년 출간된 뒤셀도르프판(DHA) 하인리히 하이네 전집 제4권(하인리히 하이네연구소와 만프레트 빈트푸어 편집, Hoffmann und Campe 발행)을 대본으로 삼았다.
3. 본문의 주는 모두 옮긴이 주이다.
4. 《아타 트롤》에 삽입된 그림은 프랑스의 판화가 그랑빌(J. J. Granville. 1809~1874)의 《Scènes de la vie privée et publique des animaux》에 수록된 작품들 중 하이네의 시에서 영감을 받은 것을 추린 것이다.

차례

독일. 어느 겨울동화  7
아타 트롤. 한여름밤의 꿈  155

**해설** 여름밤의 꿈과 겨울동화: 예술적 정치시의 고전적 전형  323
**하인리히 하이네 연보**  343

독일,
어느 겨울동화

# 1장

우수(憂愁) 어린 달 11월이었다,
날씨는 날마다 더 흐려졌고,
바람은 나무에서 잎을 뜯어내었다,
그때 나는 독일로 넘어가는 여행을 했다.*

국경에 도착하자 나는
가슴이 더 심하게 두근거리는 것을
느꼈다. 심지어는 눈에서
눈물방울이 떨어지는 것 같기도 했다.

그리고 독일어를 들었을 땐

*하이네는 1843년 가을과 겨울에 걸쳐 독일을 여행했는바, 이는 그가 파리로 망명한 후 12년 만의 고국방문이었다.

난 정말 묘한 기분을 느꼈다.
마치 내 가슴이 아주 기쁘게
피를 흘리는 것 같은 그런 느낌이었다.

자그만 소녀가 하프를 타며 노래했다.
그녀는 진실된 감정으로,
그러나 맞지 않는 음정으로 노래했다.
그러나 난 그녀의 연주에 매우 감동했다.

그녀는 사랑과 사랑의 고통에 대해,
희생과 또 모든 고통이 사라지는
저 위, 보다 더 좋은 세상에서의
다시 만남에 대해 노래를 했다.

그녀는 이 세상 비탄의 골짜기에 대해,
금세 흘러가버리는 환락에 대해,
영혼이 영원한 희열 속에서 정화되어
기쁨에 겨워 사는 저 세상에 대해 노래했다.

그녀는 그 낡은 체념의 노래를 불렀다.
덩치 큰 무뢰한 민중이 울면,
그들을 다시 잠재우는
저 하늘의 자장가를.*

나는 그 방식을 안다, 가사도 안다,
나는 또 작사가 분들도 알고 있다.
그들이 남몰래 포도주를 마시면서
남 앞에선 물을 마시라고 설교하는 것도 안다.

새로운 노래, 더 좋은 노래를 나는
오, 친구들이여, 그대들에게 지어주겠다.
우리는 이미 이 지상에서
천국을 이루고자 한다.

우리는 이 지상에서 행복하고자 하며,
더 이상 궁핍하게 살고 싶지 않다.
부지런한 손이 벌어놓은 것을
게으른 배가 흥청망청 먹어치워서는 안 된다.

이 지상에는 모든 사람들을 위한
빵이 충분히 자라고 있다,
장미와 은매화도, 아름다움과 즐거움도,
그리고 완두콩 또한 그에 못지않게.

\*하이네는 젊은 시절부터 종교가 민중의 현실에 대한 불만을 내세에 대한 희망으로 잠재운다고 비난했으며, 《루드비히 뵈르네 한 편의 회고록》에서는 종교를 "사람들을 마취시키는 환상적인 마약" 또는 "정신의 아편"으로 단정했다.

그렇다, 콩깍지가 탁 터지기만 하면
모든 사람에게 완두콩을!
하늘이야 천사들과
참새들에게 맡겨버린다.

죽은 후에 우리에게 날개가 자라면,
그러면 우린 당신들을 방문하겠소,
저 위 그곳에서, 그리고 당신들과 함께
지고하게 축복받은 케이크와 쿠키를 같이 먹으리다.

새로운 노래, 더 좋은 노래,
이 노래는 피리와 바이올린처럼 울리노니!
비참함은 가버렸도다,
죽음의 종소리는 침묵한다.

처녀 유럽은 약혼을 했다,
자유라는 아름다운 정신과.
그들은 서로를 껴안고,
첫 입맞춤에 도취되어 있다.

성직자 나부랭이의 축복이 없다고 해도
결혼이 성사되지 않는 것은 아니다.
신랑과 신부, 그리고

장차 태어날 아이들 만세!

내 노래는 결혼 축가이다,
더 좋은 축가, 새로운 축가!
지고의 축복받은 별들이
내 영혼 속에 떠오른다.

열광하는 별들, 이들은 거칠게 타오르고,
화염의 시내가 되어 흘러간다.
나는 놀랍도록 강해졌음을 느낀다,
참나무도 꺾어버릴 수 있을 것 같구나!*

독일 땅에 들어선 이후
마법의 물이 내 몸 안에 넘쳐흐른다.
거인이 다시 어머니 대지를 디뎠으니,
그에게 새로운 힘이 자라난 것이다.**

---

*복고적이고 배타적인 독일 민족주의자들은 참나무를 독일의 상징으로 여겼다.
**영웅 헤라클레스는 대지의 여신 가이아의 아들 안타이오스와 싸우다, 안타이오스가 어머니인 땅을 디디기만 하면 새로운 힘을 얻는 것을 보고 그를 허공으로 들어 올려 목을 졸라 죽인다. 여기에서 하이네는 스스로를 안타이오스에 비유하고 있다.

## 2장

그 작은 소녀가 하늘의 기쁨에 대해
노래하고 연주하는 동안에
프로이센의 세관원들이
내 가방을 검사했다.

모든 것에 코를 대고 냄새를 맡고, 셔츠와
바지, 콧수건을 샅샅이 뒤졌다.
이들은 레이스와 보석 세공품들을,
또한 금지된 책들을 찾으려 했다.

너희 바보들, 그런 것을 가방에서 찾다니!
거기에선 아무것도 발견할 수 없을 것이다!
나하고 같이 여행하는 밀수품들,

그것들을 난 내 머릿속에 숨겨놓았다.

브뤼셀과 메헬렌산 레이스보다
더 세련된 풍자를 난 머릿속에 가지고 있다.
내가 이 풍자들을 언젠가 풀어놓으면,
이것들은 너희들을 찌르고 욕할 것이다.*

나는 머릿속에 보석 세공품을 가지고 있다,
미래의 왕관을 장식할 다이아몬드를,
새로운 신에게, 위대한 미지의 신에게
봉헌될 사원의 귀중한 장식품들을.

그리고 난 머릿속에 많은 책들을 가지고 있다!
내 너희에게 단언하건대,
내 머리는 압수된 책들이 지저귀는
새들의 둥지이다.

나를 믿어라, 악마의 도서관에도
이것들보다 더 나쁜 책들은 없다.

---

*브뤼셀과 메헬렌에서 생산된 레이스는 최고급품으로 인정되었다. 그러나 '레이스'를 뜻하는 독어 단어 Spitze는 원래는 '뾰족한 끝'이라는 의미이며 여기서 파생된 ('뾰족한 것으로 찌른다'는 의미에서의) 신랄한 '풍자'의 의미로서도 사용된다. 하이네는 Spitze의 세 가지 의미를 이용한 말장난을 하고 있다.

호프만 폰 팔러슬레벤\*의 책들보다
이것들은 더 위험하다!

옆에 서 있던 행인 한 명이
내게 말해주었다, 내가 지금
프로이센의 관세동맹\*\*을, 거대한 세관들의
연계 사슬을 앞에 두고 있노라고.

"관세동맹은" — 그가 말했다 —
"우리 민족성의 기반이 될 것이오,
이 동맹은 산산이 조각난 조국을
하나의 전체로 묶을 것이오.

관세동맹은 우리에게 외적인 통일을,
이른바 물질적 통일을 줄 것이오.
정신적 통일, 진실로 이념적인 통일은
검열이 우리에게 줄 겁니다.

---

\*호프만 폰 팔러슬레벤(Hoffmann von Fallersleben, 1798~1874): 독일의 시인. 1840년대 초반부터 명성을 떨친 '3월혁명 전기시대(Vormärz)'의 시인으로, 반체제적 작품을 많이 써서 당국의 심한 탄압을 받아야 했다.
\*\*1834년 1월 1일부로 프로이센의 주도하에 독일연방 지역 내의 국가들은 이른바 '독일관세동맹'을 도입하였다. 당시의 많은 사람들은 이 동맹이 33개의 영주국으로 분열된 독일이 통일된 국가를 이루는 초석이 되기를 희망했다.

검열은 우리에게 내적 통일을 줍니다,
사상과 의식의 통일을 말이오.
하나가 된 독일은 우리에게 절실한 것이오,
안과 밖을 아우르는 통일 말이오."

# 3장

아헨의 오래된 성당에
카를 대제*가 묻혀 있다.
(그를 슈바벤에 살고 있는
카를 마이어**와 혼동해서는 안 된다.)

나는 죽어서 황제로
아헨의 성당에 묻혀 있고 싶지 않다,
보잘것없는 시인으로서 네카 강변의

---

*카를 대제(Karl der Große, 742~814): 프랑스어로는 샤를마뉴 대제. 768년부터 814년까지 프랑크 제국의 왕이었고, 800년부터는 로마 황제를 겸임했다. 그는 아헨을 제국의 중심으로 만들었고, 사후 그곳의 성당에 매장되었다.
**카를 마이어(Karl Mayer, 1786~1870): 독일 슈바벤 시학파의 시인. 하이네는 여러 번 그를 풍자의 대상으로 삼았다. 다음 연에 등장하는 "보잘것없는 시인" 역시 마이어를 가리킨다.

슈투트가르트에 사는 것이 훨씬 더 좋다.

아헨의 거리에서 개들이 지루해하고 있었다.
그들은 비굴하게 애걸했다:
오, 낯선 분이여, 우리를 한 번 걷어차주시오,
그렇게라도 해주면 조금은 덜 심심하지 않겠소.

이 지루한 둥지 안을 나는
한 시간 정도 이리저리 거닐었다.
다시 프로이센의 군인들을 보았는데
그들은 별로 달라지지 않았다.

붉은색의 높은 옷깃을 단
회색 빛 외투는 아직도 그대로였다.
(붉은 색은 프랑스인들의 피를 의미한다고
이전에 쾨르너*가 노래했다.)

아직도 여전히 딱딱하고 부자연스러운 무리이다,
아직도 여전히 모든 동작마다
직각이고, 얼굴에는
오만함이 얼어붙어 있다.

*테오도르 쾨르너(Theodor Körner, 1791~1813): 독일 시인. 프랑스 혁명 직후 프랑스에 점령된 독일의 자유를 찾기 위해 투쟁했다.

아직도 여전히 뻣뻣하게 막대 다리를 하고
거닌다, 마치 예전에 이들을 두들겨 패던
몽둥이를 삼키기라도 한 양
촛대처럼 똑바른 모양새를 하고서.

그렇다, 곤장 칼*은 완전히 사라지지 않았다,
이들은 이젠 그 칼을 몸 안에 가지고 다닌다.
친숙한 '자네'라는 호칭은 여전히
예전의 '귀관'을 연상시킨다.

긴 코밑수염은 단지 편발**의
새로운 변형일 따름이다.
예전에 뒷머리에 달려 있던 편발이
이제는 코 밑에 달려 있다.

기병들의 새로운 복장은 매우
내 맘에 들었다, 칭찬해야만 하겠다.
특히 번쩍이는 뾰족 창이 위를 향해 솟아오른
도끼 모양의 모자, 즉 투구가 맘에 들었다.

*1806년까지도 프로이센 군대에서는 볼이 넓은 칼로 때리는 형벌을 일상적으로 가했다.
**편발, 즉 땋은 머리는 1713년 프로이센군에 도입되었고 나폴레옹 전쟁 중에 폐지되었다.

투구는 아주 기사(騎士)적이고 그래서
옛날의 그 우아한 낭만을 상기시킨다,
성주 부인 요하나 폰 몽포콩\*을,
푸케 남작을, 울란트를, 티크를 상기시킨다.\*\*

투구는 그처럼 아름답게 중세를 상기시킨다,
가슴에는 충성심을 간직하고
엉덩이에는 방패 하나를 걸치고 있는
기사의 시동들과 종자들을.

투구는 십자군 원정과 마상 창 시합을,
기사의 사랑과 경건한 봉사를 상기시킨다,
인쇄술이 없어서 아직 신문이
나오지 않았던 믿음의 시대도.

그래, 그래, 투구는 마음에 든다, 투구는
최고의 위트를 보여주는 증거이다!
그것은 왕의 구상이었다!\*\*\*

---

\*요하나 폰 몽포콩(Johanna von Montfaucon): 1800년에 발표된 코제뷰(A. V. Kotzebue)의 기사 드라마의 제목이자 주인공 이름. "14세기의 낭만적인 풍경"이라는 부제가 달렸다.
\*\*푸케(Friedrich Fouqué), 울란트(Johann Ludwig Uhland), 티크(Johann Ludwig Tieck)는 모두 독일 낭만주의 문학의 시인들이다. 푸케에 관해서는 《아타 트롤》 마지막 장에서도 언급하고 있다.
\*\*\*프로이센군의 새로운 군복과 투구를 도입한 것은 프리드리히 빌헬름 4세였다.

거기엔 포인트가, 뾰족한 끝도 들어 있다!*

다만, 뇌우(雷雨)가 생겨나면,
그런 뾰족한 끝이 쉽사리
너희들의 낭만적인 머리로
하늘의 가장 현대적인 번개를 끌어올까봐 걱정이다!

아헨의 우체국 현판에서
나는 그 새를 다시 보았다,
내가 그렇게 깊이 증오하는 그 새를.**
그 새는 아주 독살스럽게 나를 내려다보았다.

너 증오스러운 새야, 네가 언젠가
내 손아귀에 떨어지면,
네 털을 잡아뜯어버릴 것이고,
네 발톱을 잘라버릴 것이다.

그런 다음 너는 나를 위해, 공중 저 높이,
장대 위에 앉아 있어야 한다.

*포인트(Point)는 재치 있는 이야기, 또는 기발한 구상으로서의 '위트'를 위트답게 만드는 핵심적 급소라는 의미와 '뾰족한 끝' 또는 '첨단(尖端)'의 의미를 동시에 지니고 있다. 하이네는 이 두 의미를 모두 이용하고 있다.
**프로이센의 문장(紋章)에 들어 있는 독수리.

그리고 난 라인 지방의 새 사냥꾼들을
즐거운 사격대회를 열어 초청할 것이다.

저 새를 맞혀 떨어뜨리는 사람,
그 기특한 사람에게 나는 왕홀과 왕관을
수여할 것이다! 우린 팡파르를 울리고,
그리고 외칠 것이다, "왕 만세!"라고.

## 4장

저녁 늦게, 쾰른에 도착했다.
라인 강이 찰싹대며 흐르는 소리가 들렸고,
독일의 공기가 벌써 살랑이며 불어왔다.
나는 독일 공기의 영향을 느꼈다,

내 식욕에 대한 영향을. 나는 쾰른에서
햄이 든 오믈렛을 먹었다.
오믈렛에 소금이 너무 많이 들어 있어
라인 포도주도 마셔야 했다.

라인 포도주는 녹색의 볼록한 포도주 잔에서,
여전히 황금처럼 빛났다.
그렇다고 너무 많이 마시면

넌 제법 취하게 된다.

알딸딸한 취기가 아주 달콤하게 올라오면,
사람들은 기쁨에 겨워 가만히 있지 못한다!
취기가 날 어둑어둑한 밤으로 몰아내었다,
발소리가 반향되어 울리는 골목길로.

돌로 지은 집들이 나를 바라본다,
마치 내게 사라져버린 시대의 신화를,
성스러운 도시 쾰른*의 역사를
보고라도 하려는 듯이.

그렇다, 예전에 이곳에서 성직자 무리가
종교적 미친 짓을 하며 날뛰었다.
울리히 폰 후텐**이 묘사한
어둠의 인간들이 이곳을 지배했다.***

이곳에서 수녀와 수도사들이

*쾰른은 유명한 쾰른 대성당을 비롯하여 수많은 교회가 있어, 지금도 "성스러운 도시"로 불리기도 한다.
**울리히 폰 후텐(Uhlich von Hutten, 1488~1523): 독일의 인문주의자, 풍자시인. 18세기 초부터 대표적인 참여 저술가로서 칭송을 받았다.
***1515년부터 1517년 사이에 익명으로 〈어둠의 사람들의 편지〉가 발표되었다. 이 편지의 내용은 겉으로는 교회를 옹호하는 것이었으나, 내면적으로는 교회의 잘못에 대한 풍자를 담고 있었다.

중세의 캉캉 춤을 추었다.
이곳에서 쾰른의 멘첼* 격인 호흐슈트라텐**이
독살스러우나 초라한 밀고장을 썼다.

이곳에서 화형장의 불길이
책과 사람들을 집어삼켰다.
그럴 때엔 종들이 울렸고
〈주여 불쌍히 여기소서〉 노래가 울렸다.

이곳에서 어리석음과 사악함이 쌍붙었다,
탁 트인 골목길에서 개들이 그러하듯.
오늘도 우린 그들의 손자 족속을 알아볼 수 있다,
그들의 종교적 증오심에서.

그러나 보아라! 저기 달빛 속에 서 있는
저 거대한 녀석을!
악마처럼 시꺼멓게 높이 솟아 있는
저것이 쾰른의 대성당이다.

---

*볼프강 멘첼(Wolfgang Menzel, 1798~1873): 당대의 저명한 문학비평가. 멘첼은 하이네를 위시하여 '청년 독일파'의 작가들을 작품 활동을 할 수 없는 '금지 작가'로 만드는 데 큰 역할을 했다. 이와 관련하여 하이네는 《밀고자 멘첼》이라는 글을 발표했다.
**야콥 폰 호흐슈트라텐(Jakob von Hoogstraeten, 1460~1527): 도미니크 교단 소속으로 1510년부터 쾰른, 마인츠, 트리어 교구에서 집행된 종교재판을 담당했다.

저 성당은 정신의 바스티유 감옥\*이 될 운명이었다,
교활한 교황 졸개들은 생각했다,
저 거대한 감옥 속에서
독일의 이성은 말라죽게 될 거라고!

그때 루터가 왔다, 그리고 그는
그의 위대한 "멈춰라"를 소리쳤다.
그날 이후 성당 건축은
중단되었다.

성당은 완성되지 않았고, 그것은 좋은 일이다.
그도 그럴 것이 바로 미완성된 사실이 이 성당을
독일의 힘과 프로테스탄트적 소명의
기념비로 만들었기 때문이다.

너희 성당건설연맹\*\*의 불쌍한 인간들아,
너희들은 허약한 손으로
중단된 건축 작업을 계속하고
저 낡은 압제의 성을 완성하려고 하지!

---

\*바스티유는 파리 근교에 있는 성의 이름으로 프랑스 혁명 직전에는 감옥으로 사용되었다. 바스티유에 대한 공격으로 프랑스 혁명이 시작되었다.
\*\*1842년 2월에 중단된 쾰른 대성당의 건축을 추진하기 위해 만들어진 단체. 정식 명칭은 '중앙성당연맹'이다.

오, 어리석은 망상! 왕의 지갑을
털어보아도 헛일이로다.*
심지어는 이교도와 유대인에게도 구걸을 하는구나.
모두 결실 없고 헛된 일이로다.

저 위대한 프란츠 리스트가
성당을 위해 연주를 해봐도 헛일일 것이다,
어느 재능 많은 임금님이
장광설을 늘어놓아도 헛일이로다!**

완성되지 않을 것이다, 저 쾰른 대성당은,
비록 슈바벤의 바보들이
성당 건축을 위해 배 한 척 가득
돌을 실어 보냈다 하더라도.***

그것은 완성되지 않을 것이다, 까마귀와
올빼미들의 온갖 아우성에도 불구하고.
이것들은 옛날의 낡은 의식에 젖어 있어

*프로이센의 빌헬름 4세는 쾰른 성당 건축을 위해 5만 탈러를 국고에서 내주었다.
**1842년 9월 4일 중단되었던 쾰른 대성당의 건축을 다시 시작하는 기념식에서 빌헬름 4세는 독일의 질서와 종교적 평화를 해치는 사람들을 비난하고, 국가와 국민의 단결을 통해 위대한 평화를 만들어 나가겠다고 선언했다.
***슈투트가르트의 성당건설연맹은 쾰른 대성당의 건축을 위해 배에 석재를 실어 보냈다.

교회의 높은 첨탑 안에 있기를 좋아한다.

그렇다, 그런 때가 올 것이다,
저 성당을 완성하는 대신에
사람들이 성당 안 공간을
마구간으로 사용하는 때가.

"성당이 마구간이 되면,
그 안 감실(龕室)에서 영면하고 있는
성왕(聖王) 세 명을* 우리는
어떻게 하지요?"

이렇게 묻는 소리가 들린다. 그러나 우리가
우리 시대에도 속박당할 필요가 있을까요?
동방에서 온 세 명의 성왕,
그들은 어디 다른 곳에서 거주해도 됩니다.

내 충고를 따르시오, 그리고 그들을
뮌스터의 높이 솟은 탑에 걸려 있는
쇠바구니 안에 처넣으시오,

*예수의 탄생을 축하하러 동방에서 온 세 명의 현자. 보통 세 명의 동방박사라고도 한다. 이들의 것으로 알려진 유골이 1164년 밀라노로부터 쾰른으로 옮겨졌고 지금도 쾰른 대성당에 안치되어 있다.

그 탑은 성 람베르티라고 불립니다.*

이 삼두체제에 하나가 부족하면
다른 인간 하나를 잡으시오.
그래서 동방에서 온 왕을
서방의 왕으로 대체하시오.

*재세례파교도 세 명이 뮌스터에서 잔인하게 처형된 사실을 풍자하고 있다. 이들의 시체는 쇠로 된 새장 안에 넣어져 람베르티 탑에 내걸렸다.

# 5장

내가 항구의 보루(堡壘) 근처
라인교에 도착하자
조용한 달빛 속에서
아버지 라인 강이 흐르는 것이 보였다.

안녕하십니까, 아버지 라인이여,
어떻게 지내셨는지요?
나는 자주 당신을 생각했답니다,
동경과 열망에 차서.

내가 그렇게 말하자 물속 깊은 곳에서
아주 기이하게 언짢아하는 투의 음성이 들렸다,
마치 노인네의 잔기침 소리처럼,

그르렁거리는 부드러운 신음 소리가.

"어서 오너라, 내 아들아.
나를 잊지 않았다니 기쁘구나.
13년 전부터 너를 보지 못했구나,
그동안 나는 잘지내지 못했단다.

비버리히에서 나는 돌덩이를 삼켰는데,\*
그건 정말이지 맛있는 것은 아니었다.
그러나 내 뱃속에 더 무겁게 걸려 있는 것은
니콜라우스 베커의 시 구절이란다.\*\*

그자는 마치 내가 아직도
아주 순결한 처녀인 양 노래했단다,
아직 아무에게도 순결의 화관을
빼앗기지 않은 처녀로서 말이다.

이 바보 같은 노래를 들을 때면,
나는 내 흰 수염을 잡아 뜯고 싶어진다,

\*1841년 헤센-다름스타트의 각료인 뒤 틸(Du Thil)이 쾰른 성당의 건축을 위해 보낸 석재를 실은 배가 비버리히 근처에서 침몰했다.
\*\*니콜라우스 베커(Nikolaus Becker, 1809~1845)의 시 〈독일의 라인 강〉은 독일 민족주의자들의 프랑스에 대한 증오를 잘 나타내고 있다. 하이네는 여러 번 이 시를 조롱의 대상으로 삼았다.

난 정말로 내 자신 안에
빠져 죽기라도 하고 싶은 심정이란다!

내가 순결한 처녀가 아니라는 것을
프랑스인들이 더 잘 안다.
그들은 그토록 빈번하게 내 물을
그들의 승리의 물과 섞었으니.

바보 같은 노래, 바보 같은 녀석!
그자는 날 창피스럽게 웃음거리로 만들었다,
그자는 또한 나를 정치적으로
난처하게 만들기도 했다.

그도 그럴 것이 이제 프랑스인들이 다시 돌아오면,*
나는 그들 앞에서 얼굴을 붉혀야 하니 말이다,
그들의 귀환을 그토록 자주
눈물을 흘리며 하늘에 빌었던 내가 말이다.

난 이 사랑스럽고 작은 프랑스인들을
언제나 매우 좋아했었지.
그들은 아직도 전처럼 노래하고 뛰어 다니느냐?

*프랑스 혁명 후 나폴레옹 전쟁 중에 프랑스군은 라인 강 유역을 점령했다.

아직도 흰색 바지를 입고 있느냐?

그들을 기꺼이 다시 보고 싶구나,
그러나 야유를 당할까 봐 두렵다,
그 빌어먹을 놈의 노래 때문에,
그 수치스러운 것 때문에 말이다.

알프레드 드 뮈세, 그 버릇없는 녀석,
그 녀석이 선두에 서서 오겠지.
아마 고수(鼓手)로서, 그리고 내게
그 고약한 재담을 북으로 쳐댈 거야."*

불쌍한 아버지 라인은 이처럼 한탄했다,
평안할 수가 없는 것이다.
나는 그에게 많은 위로의 말을 해주었다,
그의 마음을 고양시키기 위해서.

오, 나의 아버지 라인이여, 두려워 마십시오,
프랑스인들의 조롱 섞인 농담을.
그들은 더 이상 예전의 프랑스인들이 아니랍니다.

*알프레드 뮈세가 1841년에 발표한 〈독일의 라인 강. 베커의 노래에 대한 응답〉은 독일에서 격렬한 비판을 받았다. 많은 사람들이 그의 시를 독일에 대한 모욕으로 간주했다.

바지도 다른 것을 입고 있답니다.

바지는 붉은색이지요, 더 이상 흰색이 아니랍니다.*
그들은 단추도 다른 것을 달았습니다.
그들은 더 이상 노래하지 않아요, 더 이상 뛰지 않습니다.
그들은 생각에 잠겨 머리를 숙이고 있답니다.

그들은 철학을 한답니다, 그래서 지금은
칸트와 피히테와 헤겔에 대해 말합니다.
그들은 담배를 피우고 맥주를 마셔댑니다,
많은 사람들이 구주희(九柱戲) 놀이**도 하지요.

그들은 완전히 우리처럼 속물이 되었지요,
마침내는 더 고약하게 속물 짓을 합니다.
그들은 더 이상 볼테르 추종자들이 아닙니다,
그들은 헹스텐베르크*** 추종자가 되었습니다.

알프레드 뮈세는, 사실입니다만,

---

*루이 필립 왕은 1830년 프랑스 보병의 군복을 바꾸었다. 바지는 흰색에서 붉은색으로 바뀌었다. 하이네는 군복 바지 색깔이 바뀐 것을 언급함으로써 프랑스군이 더 이상 혁명전쟁을 수행하지 않음을 암시하고 있다.
**원추형의 구슬을 가지고 하는 놀이.
***베를린의 신학교수. 하이네는 그를 대표적인 복고주의 신학자로 간주했다. 앞행의 "볼테르 추종자", 즉 계몽주의에 대비되는 표현이다.

아직도 버릇없는 작자지요.
그러나 두려워 마십시오, 그자의
뻔뻔스런 야유조의 혓바닥을 묶어버리겠습니다.

그자가 고약한 위트를 당신에게 북으로 쳐대면
우리는 그에게 더 고약한 위트를 휘파람으로 불어주지요.
우린 그에게 예쁜 여자들과의 관계에서
생긴 일을 휘파람으로 불어줍니다.*

마음을 푸십시오, 아버지 라인이여,
좋지 않은 노래들에 대해 생각하지 마십시오,
더 좋은 노래를 당신은 곧 듣게 될 것입니다,
안녕히 계십시오, 우린 다시 만납니다.

\*알프레드 뮈세는 여성 편력으로 소문이 무성했다.

# 6장

집 귀신 하나가 항시
파가니니*를 따라다녔다,
때로는 개로서, 때로는
고인이 된 게오르크 하리스**의 형상으로.

나폴레옹은 중요한 일이 있기 전에
매번 붉은 옷을 입은 사람을 보았다.***
소크라테스는 그의 다이몬을 가졌다.****


*파가니니(Nicolo Paganini, 1782~1840): 이탈리아의 저명한 작곡가이자 바이올리니스트.
**게오르크 하리스(Georg Harris, 1780~1838): 독일 하노버 출생의 저널리스트, 작가. 파가니니의 비서를 지냈고, 그의 여행길을 수행했다.
***붉은 옷을 입은 난쟁이 한 명이 나폴레옹을 쫓아 다닌다는 이야기는 당시 프랑스에서 널리 퍼진 소문이었다.

이것은 지어낸 말이 절대 아니다.

나 자신도 밤에 책상 앞에 앉아 있을 때
가끔 복면을 한 손님이
기분이 섬뜩하게
내 뒤에 서 있는 것을 보았다.

이자는 외투 안에 기이하게 번쩍이는
무엇인가를 감추고 있었는데,
모양이 드러날 때엔, 도끼,
참수형을 집행하는 도끼인 듯 생각되었다.

이자는 땅딸막한 체격으로 보였는데,
눈은 마치 두 개의 별 같았다.
그는 내가 글을 쓰는 동안 방해하지 않았고,
멀찌감치 떨어져 조용히 서 있었다.

이 이상한 작자를 나는
몇 년 동안 보지 못했다.

****소크라테스는 법정에서 자신을 '신을 믿지 않는 자'로 고발한 자들에게 자신은 자신의 '다이모니온', 즉 '스스로에게 경고하는 내면의 소리'를 가지고 있다고 반박했다. 다이몬(daimon, 그리스어로는 '신적인 존재'의 의미. 영어로는 demon, 독어로는 Dämon)은 그리스 신화에서 신과 인간 사이에 존재하는 초월적 존재, 또는 악령을 일컫는바, "소크라테스의 다이몬"은 철학계에서는 하나의 상용어이다.

그런데 이곳 쾰른의 이 조용한 달밤에
갑자기 그를 다시 보게 되었다.

나는 생각에 잠겨 길을 따라 거닐고 있었는데,
그때 그가 마치 내 그림자인 양
내 뒤를 따라오는 것을 보았다.
내가 멈춰 서면, 그도 가만히 서 있었다.

마치 무엇인가 기다리는 것처럼 서 있었다.
내가 발걸음을 움직이면,
그도 다시 나를 따랐다. 이런 식으로 우리는
성당 광장의 가운데까지 왔다.

나는 기분이 섬뜩해졌고, 그래서 몸을 돌리고
말했다: 이제는 내 물음에 대답해라,
무슨 이유로 너는 여기 이 황량한 밤에,
이곳저곳 가리지 않고 나를 따라오느냐?

내 가슴속에 세계적 감정이
솟아오를 때에, 내 머릿속에
정신의 번개가 칠 때
난 항시 너를 만난다.

너는 나를 뚫어지게 응시하는구나,
자, 답해라: 네가 외투 속에 숨긴 것,
은밀히 번쩍이는 그것은 무엇이냐?
너는 누구이고 무엇을 하려는 것이냐?

그러나 그자는 메마른 음성으로 대답했다,
심지어는 약간 냉담한 어투였다:
"부탁컨대, 날 쫓으려는 듯 주문을 외어대지 마시오,
그리고 제발 그렇게 다그치지 마시오!

나는 과거의 유령이 아니오,
무덤에서 솟아나온 짚 빗자루도 아니오,
그리고 난 고상한 말을 쓸 줄 모르오,
또한 그다지 철학적이지도 않소.

난 실제적 성격이오,
그래서 항시 침묵하고 조용하지요.
그러나 알아두시오: 당신이 정신 속에서 생각해낸 것,
그것을 나는 실행하오, 그것을 나는 행동으로 옮긴다오.

몇 년이 흘러가도 나는 쉬지 않소,
당신이 생각한 것을 내가
현실로 만들 때까지는.

당신은 생각하오, 그리고 나는, 나는 행동하오.

당신은 재판관이고, 나는 형리입니다,
그래서 종의 복종심을 가지고 나는
당신이 내린 판결을 집행합니다,
비록 그 판결이 정당하지 못할지라도.

옛적 로마에서는 호민관에 앞서서
사람들이 도끼를 들고 갔지요.
당신도 당신의 집행관을 가지고 있습니다,
그러나 도끼는 당신 뒤를 따릅니다.

나는 당신의 집행관이오, 그래서 나는
항시 번쩍이는 도끼를 들고
당신 뒤를 따라갑니다 —
나는 당신 사유의 행동입니다."

# 7장

나는 집으로 가서 잠을 잤다,
마치 천사들이 내 요람을 흔들어주듯이.
독일 침대에서는 폭신하게 쉴 수 있다,
독일 침대는 깃털 침대이기 때문이다.

망명의 잠 못 이루는 밤
딱딱한 매트리스 위에 누워 있을 때면,
난 얼마나 자주 조국 침상의
달콤함을 그리워했던가!

우리의 깃털 침대 위에서는,
우리는 잘 자고 꿈도 잘 꾼다.
이 침대 위에선 독일의 영혼은

지상의 모든 속박으로부터 자유롭다.

독일의 영혼은 자유를 느끼며 솟구쳐 오른다,
하늘 가장 높은 곳까지
오, 독일의 영혼이여, 밤의 꿈속에서
너의 비상은 얼마나 자랑스러운 것인가!

네가 가까이 가면 신들도 창백해진다!
네 비상의 여정에서
너는 네 날갯짓으로
수많은 작은 별들의 청소도 해주었구나!

땅은 프랑스와 러시아인들의 것이다,
바다는 영국인들의 것이다,
그러나 우리는 꿈의 하늘나라에
확실한 지배권을 가지고 있다.

이곳에선 우리가 주도권을 행사한다,
이곳에선 우리는 분열되어 있지 않다,
다른 민족들이야 저 아래
낮은 땅 위에서 발전해나가지.

잠이 들자 나는 꿈을 꾸었다,

나는 다시금 밝은 달빛 속에서
쿵쿵 울리는 길을 따라 거닐고 있었다,
고풍스러운 쾰른에서.

다시금 내 뒤에는 나의
음울한 복면의 동반자가 따라왔다.
나는 몹시 피곤했고, 무릎은 휘청거렸다,
그러나 우리는 계속해서 걸었다.

우리는 계속 걸었다. 가슴 속 내 심장이
절개되어 벌어졌고,
심장의 상처로부터
붉은 핏방울이 흘러내렸다.

가끔씩 나는, 상처 속에 손가락을 담갔다,
그리고 가끔씩 나는, 지나쳐 가면서
집의 대문 기둥에
피를 바르곤 했다.

그리고 내가 이런 방식으로
어느 집에 표시를 하면,
멀리에서 죽음의 종소리가 들려왔다,
슬프게 흐느끼듯, 그리고 낮은 음으로.*

하늘에는 달도 죽어가고 있었다,
달은 점차로 더욱 흐릿해져갔다.
거친 구름들이 시꺼먼 말들처럼
질주하듯 달을 지나쳐 흘러갔다.

그 검은 형상은 계속해서
도끼를 감춘채로
내 뒤를 따라왔다 — 이렇게 우리는
꽤 오랫동안 이리저리 걸었다.

우리는 걷고 또 걸었다, 마침내 우리가
다시 성당 광장에 이를 때까지.
성당 문들은 활짝 열려 있었고,
우리는 안으로 들어갔다.

그 거대한 공간에는 오로지
죽음과 밤과 침묵만이 지배하고 있었다.
여기저기 현등에는 불이 밝혀져 있었는데
그것이 오히려 암흑을 제대로 보여주었다.

---

*구약성서의 〈출애굽기〉에는 양의 피로 표시된 집에는 죽음의 천사가 들어가지 않았다고 전한다. 시인은 이 이야기를 뒤집어, 피로 표시된 집에는 죽음이 찾아들게 하였다.

나는 오랫동안 기둥들을 따라 걸었다,
들리는 것은 오로지 내 동반자의
발소리뿐이었다. 여기서도 그는
걸음걸음마다 나를 따랐다.

마침내 우리는
촛불이 밝게 비치고
금과 보석이 번쩍이는 곳에 이르렀다.
그곳은 세 명의 성왕 예배당이었다.

오, 놀랍도다, 평소에는 아주 조용히
그곳에 누워 있던 세 명의 성왕,
그들이 지금은 자신의 석관(石棺) 위에
똑바로 앉아 있는 것이 아닌가!

세 개의 죽은 해골, 환상적으로 치장된 채,
누렇게 변색된 비참한 해골 대가리에
왕관을 쓰고 있었다, 또한
뼈만 남은 손에는 왕홀도 들고 있었다.

마치 허수아비처럼, 그들은
이미 오래전에 죽은 뼈다귀를 움직였다.
뼈다귀들은 곰팡이 냄새와

향연(香煙) 냄새를 풍겼다.

그중 하나는 심지어 입을 움직였고
연설을 했다, 아주 길게.
나에게 그는 왜 그가 나의 존경을
요구하는지를 설명했다.

첫째로 그가 죽은 사람이고,
둘째로는 그가 왕이며,
셋째로는 그가 성인(聖人)이기 때문이란다.
그 모든 이유가 내게는 별로 감동적이지 못했다.

나는 조롱조로 그에게 답했다:
당신이 애써봐야 헛수고요!
모든 관점에서 당신이
과거에 속한다는 것을 난 알고 있소.

가시오! 여기서 떠나시오! 당신들의 자연스러운 자리는
깊숙한 무덤 속에나 있소.
이젠 삶이 이 예배당의 보물들을
압수할 것이오.

미래의 유쾌한 신사 분들이

이곳 성당에 거주할 것이오.
당신들이 자발적으로 물러나지 않으면, 난 폭력을 사용하겠소,
그리고 당신들을 몽둥이로 후려갈기게 하겠소!

이렇게 말하고 나는 돌아섰다,
그때 나는 말 없는 동반자의 무시무시한 도끼가
끔찍하게 번쩍이는 것을 보았다.
그가 내 눈짓을 이해한 것이다.

그는 다가가서는 도끼로
그 미신의 불쌍한 해골들을
산산이 때려 부쉈다, 인정사정없이
그것들을 내리쳤다.

둥근 천장 곳곳으로부터 끔찍하게
내려치는 도끼 소리가 메아리쳤고,
내 가슴으로부터는 핏줄기가 뿜어져 나왔다.
그리고 나는 갑자기 깨어났다.

# 8장

쾰른에서 하겐까지 우편마차로 가는 데는
프로이센 돈으로 5탈러 6그로쉔이 든다.
유감스럽게도 승합마차 딜리강스의 좌석이 다 찼기에
나는 지붕만 달린 임시 마차 베샤이스를 타야했다.

늦가을의 아침, 축축한 잿빛 날씨였고,
마차는 진창 속에서 헐떡였다.
그러나 나쁜 날씨와 나쁜 길에도 불구하고
기분 좋은 상쾌함이 내 온몸을 뚫고 흘렀다.

이것은, 그래, 내 고향의 공기가 아닌가!
달아오른 뺨이 그것을 느꼈다.
그리고 이 국도의 진흙탕, 이것은

내 조국의 오물이로다!

말들은 꼬리를 흔들었다,
마치 옛 친지처럼 다정하게.
말들의 똥 덩어리가 내겐
아탈란테의 사과처럼 아름답게 보였다!*

우리는 뮐하임을 가로질러 갔다. 정겨운 도시이고,
사람들은 조용하고 부지런하다.
나는 1831년 5월에
마지막으로 이곳에 있었다.

그때엔 모든 것이 꽃으로 장식되어 있었고
햇빛은 활짝 웃었다.
새들은 동경에 가득 차 노래했고,
사람들은 희망했고 생각했다 —

그들은 생각했다: "이 말라빠진 기사들은
곧 떠나갈 것이다.
그리고 그들에게 쇠로 된 긴 병에 담긴

---

*그리스 신화에서 아탈란테는 자신과 달리기 경기를 해서 이기는 사람과 결혼할 것이라고 하고, 지는 구혼자는 죽였다. 히포메네스는 아프로디테 여신으로부터 받은 사과를 길 위에 떨어뜨려 놓았고, 아탈란테가 이 사과를 주우려고 하는 사이에 계속 달려 경주에서 승리했다.

이별주가 권해 질 것이다!*

그리고 자유가, 춤과 유희와 함께,
깃발을, 백-청-홍의 깃발을 흔들며 오리라.**
아마 그 깃발은 죽은 보나파르트까지도
무덤에서 꺼내어 올 것이다."

오, 신이여! 기사들은 아직도 이곳에 있다,
그리고 이 바보 놈들 중 많은 자들,
바짝 말라 이 땅에 온 자들이
이제는 배가 불룩 솟아 나왔다.

마치 사랑, 믿음, 소망처럼***
보이던 그 창백했던 무뢰한들,
그 후 이자들은 코가 빨갛게 되도록
우리의 포도주를 처마셨다.

---

*1830년의 프랑스 7월 혁명은 독일에도 많은 영향을 미쳤고, 독일의 진보적 인사들은 봉건제도를 몰아내는 혁명적 개혁을 꿈꾸었다. "말라빠진 기사들"은 귀족, 즉 중세적 봉건 제도를 상징하며 "쇠로 된 긴 병"은 화승총을 의미한다. 즉 총으로 혁명을 일으켜 낡은 체제를 몰아낸다는 의미이다.
**백-청-홍의 삼색기는 프랑스 혁명 중에 프랑스의 국기로 승격되었다. 올바른 순서는 청-백-홍이다.
***기독교에 대한 야유. "사랑 믿음 소망"은 〈고린도서〉에 나오는 기독교의 위로의 관용어이다.

그리고 자유는 발목을 삐어서,
더 이상 뛰거나 돌진할 수 없게 되었다.
파리의 삼색기는 탑 위에서
처량하게 내려다보고 있다.

그 후 황제가 부활하였다,
그러나 영국의 벌레들이 그를
말 없는 사람으로 만들어버렸고,*
그는 다시 매장되었다.

나 자신도 그의 장례식을 보았다,
나는 황금색 마차가
황금색 승리의 여신상이 올려진
황금색 관을 운구하는 것을 보았다.**

샹젤리제를 따라
개선문을 통과하여,
안개를 뚫고, 눈 위를 지나,
행렬은 천천히 움직였다.

---

*나폴레옹이 두 번째로 추방된 세인트 헬레나 섬은 영국령이었고, 나폴레옹에 대한 관리도 영국이 맡았다.
**나폴레옹의 유해는 1840년 12월 15일 세인트 헬레나 섬으로부터 파리로 옮겨져 앵발리드에 매장되었다.

음악은 몸서리치듯 불협화음을 냈고,
연주자들은 추위로 굳어 있었다.
군기(軍旗)의 독수리들이
슬픔에 차 내게 인사했다.

사람들은 유령처럼 바라보고 있었다,
지난 시절의 회상에 잠겨서.
황제의 동화 같은 꿈이*
다시 마법으로 불려나왔다.

그날 나는 울었다. 내 두 눈은
눈물로 가득 찼다,
내가 그 사라져버린 사랑의 외침을,
황제 만세! 라는 외침소리를 들었을 때.

*나폴레옹은 프랑스 주도하의 유럽국가연합을 세울 것을 계획했다.

# 9장

아침 7시 45분에
나는 쾰른에서 출발했다.
3시경에 이미 우리는 하겐에 도착해
점심 식사를 하게 되었다.

식탁이 차려졌다. 식탁에서
나는 완전히 옛 게르만식 음식을 보았다.
안녕하시오, 나의 자우어크라우트*여,
그대의 냄새는 참으로 사랑스럽소!

녹색 양배추 안에 든 조린 밤!

*양배추를 절여 발효시킨 것으로 대표적인 독일 음식이다. 한국의 김치처럼 냄새가 강하다.

나는 그것을 예전에 어머니 집에서 먹었었지!
그대들, 고향의 말린 대구여*, 안녕하시오!
그대들 얼마나 영리하게 버터 속에서 헤엄치고 있는가!

모든 느끼는 가슴에는
조국은 영원히 소중한 것,
나 또한 갈색으로 제대로 쪄진
훈제 청어와 달걀을 사랑한다.

소시지들이 튀는 기름 속에서 환호하고 있구나!
개똥지빠귀들, 사과 무스와 함께 구워진
이 신앙심 돈독한 천사들,
이들이 내게 지저귀었다: 어서 오세요!

어서 오세요, 동포여 ― 그들은 지저귀었다 ―
당신은 오랜 타향살이를 했어요,
낯선 땅에서 낯선 새들과
아주 오랫동안 어울려 떠돌았어요!

식탁 위에는 거위 한 마리가 놓여 있었다,
조용하고 아늑한 존재이다.

*"말린 대구"는 우둔하고 지루한 사람들에 대한 경멸적 표현이기도 하다.

예전엔 그도 아마 나를 사랑했었을 것이다,
우리 모두 아직 젊었던 그때에는.

거위\*는 나를 의미심장하게 바라보았다,
아주 다정하게, 아주 헌신적으로, 아주 슬프게!
틀림없이 아름다운 영혼을 가졌을 것이다,
그러나 고기는 매우 질겼다.

돼지 머리도 하나 주석 대접에 담겨
식탁에 올려졌다.
우리나라에선 아직도 돼지 주둥이를
월계수 잎으로 장식하고 있다.\*\*

---

\*거위를 의미하는 Gans는 하이네의 청년 시절 친구(Eduard Gans)의 이름이기도 하다.
\*\*복고주의 세력에 야합하여 그들을 옹호하는 글을 쓰는 작가들에 대한 야유를 담고 있다.

## 10장

하겐을 뒤로 하자 바로 밤이 되었고
나는 창자에 기이한 한기를 느꼈다.
운나에 이르러서야 비로소 나는
식당에서 몸을 덥힐 수 있었다.

예쁘장한 처녀 하나를 나는 그곳에서 보았다.
처녀는 내게 친절하게 펀치 주*를 따라주었다.
곱슬곱슬한 머리카락은 금빛 비단 같았고,
두 눈은 달빛처럼 부드러웠다.

속삭이는 듯한 베스트팔렌 억양을

*럼주, 설탕, 레몬, 차, 물을 섞어 끓인 술이다.

나는 기쁘게 다시 들었다.
펀치 주는 많은 달콤한 추억의 김을 피어 올렸고,
나는 사랑스러운 형제*들을 생각했다.

사랑스러운 베스트팔렌 녀석들,
괴팅엔에서 나는 자주 이들과 같이
술을 퍼마셨지, 우리가 서로 가슴을 맞잡은 채
식탁 밑으로 가라앉을 때까지!

항시 나는 이들을 그렇게 좋아했다,
이 사랑스럽고 착한 베스트팔렌 녀석들을.
그렇게 굳건하고, 그렇게 확실하고, 그렇게 헌신적인,
꾸밈이나 허풍이라곤 전혀 모르는 사람들.

사자 같은 용기를 가지고
결투에 임하던 그들의 모습이란!
그들은 그렇게 똑바로, 그렇게 진지하게
4자세와 3자세를 취했다.**

그들은 잘 싸웠고, 잘 마셨다.

---

*하이네는 괴팅엔 대학생 시절 학생 비밀결사인 구에스트팔리아의 단원이었다.
**4자세와 3자세는 칼을 잡는 자세를 가리킨다. 4자세는 오른쪽에서 상대 왼쪽을 치는 자세이고, 3자세는 상대 오른쪽 귀에서 왼쪽 허리에 걸쳐 치는 자세이다.

그들이 친구가 되자며
네게 손을 내밀 때, 그들은 울었다.
이들은 아주 감상적인 참나무들이다.

용감한 친구들, 하늘이 그대들을 지켜주시길.
하늘이 그대들의 씨를 축복해주시기를,
전쟁과 명예로부터 그대들을 보호해주시고
영웅과 영웅적 행위로부터 그대들을 지켜주시기를.

하늘이 항시 그대들의 아들들에게
아주 관대한 시험을 내려주시기를,
그리고 그대들의 딸들에게
그럴듯한 혼처를 마련해주시기를 — 아멘!

## 11장

저것이 타키투스가 묘사한
토이토부르크 숲이다.
저것이 바루스가 진격을 멈추어야 했던
고전적 수렁이다.*

이곳에서 헤루스케르 족장인 헤르만**이,
그 고귀한 영웅이 그를 쳐부수었다.
독일의 민족성이, 그 민족성이

*서기 9년에 바루스가 지휘하던 로마군은 헤루스케르족의 족장 아르미니우스가 지휘한 게르만 부족 연합군에게 결정적인 패배를 당했고, 이 패배로 인해 로마의 유럽 대륙 정복은 더 이상 진척되지 못했다. 로마의 역사가 타키투스는 《연대기》 첫 번째 책에 이 전투에 대해, 토이토부르크 숲 일대의 수렁과 습지대가 로마군 패배의 큰 원인이 되었다고 서술했다. "고전적 수렁"의 "고전적"은 이 사건이 옛 그리스-로마의 '고전' 시대에 일어난 것임을 말하고 있다.
**"헤르만(Herrmann)"은 아르미니우스의 잘못 전해진 이름이다.

이 진흙탕에서 승리했다.*

헤르만이 그의 금발 무리들과 함께
이 싸움에서 이기지 못했던들,
독일의 자유는 더 이상 존재하지 못할 것이다,
우리는 로마적으로 되었을 것이다!

우리의 조국에는 이제 오로지
로마의 말과 관습만이 지배하고 있을 것이다.
뮌헨에는 심지어 여사제들**도 생겨났을 것이다.
슈바벤 사람들은 키리트***라고 호칭될 것이다.

헹스텐베르크는 하루스펙스 사제****일 테고
황소의 내장이나 파헤치고 있을 것이다.
네안더*****는 새 점쟁이가 되어서

---

*18세기 이후 복고적인 독일 민족주의자들은 아르미니우스를 독일의 영웅으로 신성시했고, 반 프랑스 감정을 일깨우는 데에 그의 신화를 이용했다. 하이네는 일생 동안 반 현대적이며 과거지향적인, 그리고 배타적인 독일 민족주의에 대한 혐오감을 가지고 있었다.
**"여사제"의 원문 Vestalen은 로마의 여신 베스타를 섬기는 순결한 처녀 사제들을 뜻한다. 그러나 이 단어는 우회적으로 '창녀'를 뜻하기도 한다. "뮌헨"이라는 도시명은 뮌히('남자' 승려)에서 유래되었다.
***완전한 시민권을 가진 로마의 정시민(正市民)에게 주어지는 칭호이다.
****희생물로 바쳐진 짐승의 창자로 점을 치는 로마의 사제를 말한다.
*****요한 아우구스트 네안더(Johann August Neander, 1789~1850): 보수적인 베를린의 신교 역사 교수로서 헹스텐베르크의 동료이기도 하다. 그는 저작물 검열위원이었으며, 하이네의 작품들을 금서로 만드는 데 큰 역할을 했다.

새 떼들이나 관찰하고 있을 것이다.

비르히-파이퍼는 테르펜틴을 마실 것이다,*
예전의 로마 귀부인들이 그랬던 것처럼.
(사람들 말로는, 그녀들이 테르펜틴을 마셔서
오줌이 특히 향기로운 냄새를 풍겼다 한다.)

라우머는 독일의 룸펜이 아닐 것이다,
그는 로마의 룸파치우스**일 것이다.
프라일리그라트는 각운(脚韻) 없는 시를 쓸 것이다,
그 옛날 플라쿠스 호라티우스처럼.***

그 거친 거렁뱅이 아버지 얀,****
그는 이제 그로비아누스*****라 불릴 것이다.

*샤를로트 비르히-파이퍼(Charlotte Birch-Pfeiffer, 1800~1868)는 당시 많은 대중적 드라마를 써서 큰 인기를 얻은 여류 작가이다. "테르펜틴"은 테레빈 나무의 수액으로 당시에는 이 수액을 마시면 오줌에서 향기로운 냄새가 난다고 알려졌다. 하이네는 비르히-파이퍼의 드라마들이 우선은 '향기로우나', 실제로는 '오줌' 같은 작품이라고 풍자하는 것이다.
**룸펜(부랑자)을 우스꽝스럽게 라틴어로 만든 말이다.
***호라티우스(Quintus Horatius Flaccus, B.C.65~ B.C.8): 로마의 시인. 베르길리우스와 함께 로마의 고전 시를 대표한다. 로마의 고전 시는 독일 시와는 달리 각운이 없었다.
****프리드리히 루드비히 얀(Friedrich Ludwig Jahn, 1778~1852): 독일 체조 운동의 대부. 그는 체조를 통해 독일인들의 심신을 건강하게 만들어서 나폴레옹의 프랑스군에게 점령된 독일을 해방시켜야 한다는 운동을 창시했다.
*****"그로비아누스(Grobianus)"는 '거친', '세련되지 못한' 등등의 의미를 가진 독일어 그로프(grob)를 우스꽝스럽게 라틴어로 만든 말이다.

헤라클레스에 맹세코, 마스만*은 라틴어를 말할 것이다,
그 마르쿠스 툴리우스 마스마누스**가!

진실의 친구들은 이제
작은 신문의 개들과 싸우는 대신에
사자, 하이에나, 자칼들하고
투기장에서 싸우고 있을 것이다.

우리는 이제 한 명의 네로를 가지고 있을 것이다,
서른여섯 명의 나라님 대신에 말이다.***
굴종의 앞잡이들에 저항하여
우리는 혈관을 절개할 것이다.****

셸링*****은 완전히 세네카가 되었을 테고,

---

*'무식한' 마스만이 라틴어를 할 수 없음을 풍자하고 있다. 당시 라틴어는 고등교육을 받은 지식 계급의 전유물이었다. 일상적인 "신에게 맹세코" 대신에 "헤라클레스에 맹세코"라고 쓴 것은 마스만이 '힘'만을 숭배하고 있음을 풍자한다.
**로마시대의 유명한 웅변가이자 저술가인 키케로(Cicero, B.C.106~B.C.43)의 이름.
***신성로마제국 때의 독일은 모두 36개의 영주국으로 나뉘어져 있었고, 나폴레옹 전쟁 후 빈 협정에 의해 33개의 영주국이 부활되었다. 하이네는 이 두 개의 숫자를 정확하게 구분하지 않고 때에 따라서 혼용하였으나, 그 의미는 모두 독일이 수많은 소국가로 분열되어 있음을 풍자하는 것이었다. 이는 당대의 다른 비판적 지식인들에게서도 볼 수 있는 현상이기도 하다.
****로마의 철학자 세네카는 반역을 꾀했다는 의심을 받아 네로가 자살할 것을 강요하자 동맥을 잘라서 자살했다.
*****셸링(Friedrich Wilhelm Schelling, 1775~1854): 독일 철학자. 낭만주의 시대의 대표적 철학자이며, 헤겔과 피히테를 잇는 관념론의 대표자이다.

그러한 분쟁에 휩쓸려 죽었을 것이다.
우리의 코르넬리우스*에게 우린 말할 것이다,
똥 싸는 것이 그림 그리는 것은 아니라고.**

신에게 찬양을! 헤르만이 싸움에서 이겼고,
로마인들은 쫓겨났다.
바루스는 그의 군단과 함께 참패했고,
그래서 우리는 독일인으로 남아 있다.

우린 독일적으로 남아 있고, 우린 독일어로 말한다,
우리가 그렇게 말해 왔던 것처럼.
에젤은 아시누스가 아니라 에젤이라고 불리고,***
슈바벤 사람들은 슈바벤 사람으로 남아 있다.

라우머는 북쪽 우리의 독일 땅에
독일의 룸펜으로 남아 있다.
프라일리그라트는 각운 있는 시를 쓰며,
호라티우스가 되지는 않았다.

---

*코르넬리우스(Peter von Cornelius, 1783~1867): 프로이센의 궁중 화가. 하이네는 그를 상상력이 부족한 예술가라고 여러 차례 비판했다.
**노력한 것과 이룩한 것 사이의 큰 간극을 풍자하는 속어. ('진똥을 쌀 만큼') 애만 쓴다고 해서 명화를 그릴 수 있는 것은 아니라는 의미이다.
***에젤(Esel)은 독일어로 "당나귀" 또는 "바보"의 의미이고, 아시누스(Asinus)는 같은 의미의 라틴어이다.

신에게 찬양을, 마스만은 라틴어를 말하지 않는다,
비르히-파이퍼는 그저 드라마만 쓰고 있을 뿐
로마의 음탕한 귀부인들과는 달리
천한 테르펜틴 따위는 마시지 않는다.

오, 헤르만, 이 모든 것이 당신 덕이오!
그래서 우리는, 지당한 일이지만,
데트몰트에 기념비를 세우려 하오,
나 자신도 헌금하겠다고 서명했다오.

# 12장

밤의 숲 속을 역마차는 비틀거리며 갔다.
그때 갑자기 우지끈 소리가 났다.
바퀴 하나가 빠졌고, 우리는 멈춰 섰다.
매우 흥겨운 일은 물론 아니다.

마부가 마차에서 내리더니 황급히
마을을 향해 달려갔다. 나는 홀로
한밤중 숲 속을 거닐었다.
사방에서 울부짖는 소리가 들려왔다.

이들은 늑대들이다. 아주 거칠게
굶주린 목소리로 짖어댄다.
불길 어린 눈들은 어둠 속에서

마치 등불처럼 이글거린다.

이들 이 짐승들은 틀림없이
내가 온다는 소식을 들었다. 그리고 내게
경의를 표하기 위해, 숲을 밝히고
그들의 합창을 노래하는 것이다.

이건 세레나데로구나, 그제야 난 알아차렸다,
이들은 나를 찬양하고 있는 것이다!
나는 즉시 자세를 잡고
감동된 몸짓으로 연설했다.

"늑대 동지 여러분!* 당신들 가운데에서,
이토록 많은 고귀한 심성들이
사랑으로 내게 울부짖는 가운데에서
거닐 수 있어, 나는 오늘 행복합니다.

내가 이 순간에 느끼는 것,
그것은 측량할 수 없이 무한합니다.
아! 이 아름다운 시간을 나는
영원히 잊지 않을 것입니다.

*늑대는 과격한 진보주의자들에 대한 비유적 표현이다.

당신들이 나를 명예롭게 해주고,
모든 시험의 시간에 충심 어린 표명으로
확실하게 보여준 그 믿음에 대해
나는 당신들께 감사드립니다.

늑대 동지 여러분! 당신들은 결코 나를 의심하지 않았습니다,
당신들은 사기꾼들의 말에 사로잡히지 않았습니다,
그자들은 당신들께 말했지요,
내가 개들 편으로 넘어갔노라고,

내가 변절했노라고, 그리고 내가 곧
양 떼 속에서 궁중 고문관이 되리라고.
그따위 거짓말을 반박하는 것은
전혀 우리의 품위에 어울리지 않았습니다.

내가 몸을 덥히려고
때때로 내 몸에 두른 양가죽,
믿어주십시오, 이 양가죽은 결단코
나를 양의 행복에 열광하도록 만들지 않았습니다.

나는 양이 아닙니다, 나는 개가 아닙니다,
궁중 고문관도 아니고 대구도 아닙니다.
나는 늑대로 남아 있습니다, 내 심장도

내 이빨도 늑대의 것입니다.

나는 늑대입니다, 그리고 항시
늑대들과 함께 울부짖을 것입니다.
그렇습니다, 나를 믿고 그대들 자신을 도우십시오,
그러면 신도 그대들을 도울 것입니다!"

이것이 아무런 사전 준비 없이
내가 행한 연설이었다.
콜프는 이 연설을 마구 훼손해서
〈알게마이네 차이퉁〉지에 실었다.*

---

*구스타브 콜프(Gustav Kolb, 1748~1865)는 1837년부터 아우구스부르크에서 발행되는 〈알게마이네 차이퉁〉지의 편집부장이었고, 하이네는 이 신문에 파리로부터의 중요한 소식들을 특파원 자격으로 발표했다. 콜프는 하이네에 대해 호감을 가졌으나, 검열을 피하기 위해 때때로 하이네가 보내온 기사를 온건한 내용으로 변조하기도 했다.

## 13장

파더보른 근처에 이르자 해가 떴다,
몹시 짜증난 몸짓으로.
사실 해는 짜증나는 일을 맡아 하고 있다,
어리석은 지구를 밝게 비추어주는 일을!

해가 한쪽을 밝게 비추고,
빛을 발하며 서둘러 다른 쪽으로
그 빛을 가져가면, 그사이에 벌써
이쪽은 어두워진다.

돌은 시시포스로부터 굴러 떨어지고,
다나오스 딸들의 물통은
결코 채워지지 않는다. 그리고 해는

헛되이 지구를 비추는 것이다.*

아침 안개가 흩어졌을 때 나는
여명의 붉은 햇살 속에 그 남자의 상(像)이
길가에 우뚝 솟아 있는 것을 보았다.
십자가에 못 박혀 있는 그 남자의 상이.

내 가엾은 사촌이여,** 그대를 볼 때마다
나는 비애에 가득 찬다오.
그대, 세상을 구원하려고 한 자,
그대 바보, 그대 인류의 구원자!

높은 협의회***의 양반들,
그자들은 당신을 심하게 괴롭혔지.
누가 그대에게 교회와 국가에 대해
그처럼 가리지 않고 마구 말하라고 했소!

---

*그리스 신화에 따르면 시시포스는 신들을 기만하여 죽음을 모면하려 한 죄로 큰 바위를 산꼭대기까지 끌어 올리는 노역을 해야 한다. 그러나 바위는 꼭대기에 이르면 다시 굴러 떨어져 제자리로 돌아가기 때문에 그의 노역은 영원히 되풀이된다. 다나오스의 50명의 딸들은 신혼 첫날밤 남편들을 살해한 죄로 밑 빠진 항아리를 물로 채워야 한다. 다나오스의 딸들과 시시포스가 받는 형벌은 결코 성공할 수 없는 노력의 상징이다.
**하이네는 예수 그리스도가 자신과 마찬가지로 유대인임을 암시하고 있다.
***70명의 위원으로 구성된 예루살렘의 중의소(衆議所)를 가리킨다.

그 당시 인쇄술이 아직 발명되지 않은 것이
당신의 불행이었소. 그랬던들 당신은
하늘의 문제들에 대해
책 한 권을 썼을 것이오.

그리고 검열관이 그 책 안에서
이 세상을 비꼬아대는 것을 삭제했을 것이오.
그렇게 해서 검열은 사랑스럽게도 당신을
십자가에 매달리지 않게 지켜주었을 것이오.

아! 당신이 당신의 산상설교\*에
그저 다른 내용만 택했었던들,
그럴 정신과 재능을 당신은 충분히 가졌었는데,
또 그 신앙심 깊은 척하는 자들을 좀 살펴주었던들!

환전업자들, 은행가들, 당신은 심지어 그들을
채찍으로 성당에서 몰아내었소.
불행한 열광자여, 이제 그대는 십자가에 매달려 있소,
경고하는 본보기로서 말이오!

---

\*〈마태복음〉 5~7장, 〈누가복음〉 6장 20~49절에 등장하는 예수의 산상설교를 말한다. 이 설교는 예수 가르침의 정화로 꼽힌다.

# 14장

축축한 바람, 벌거벗은 땅,
마차는 진창 속에서 비틀댄다.
그러나 내 마음속엔 노랫소리 울린다:
태양, 그대 고발하는 불꽃이여!

이것은 내 유모가 자주 불렀던
옛 노래의 후렴이다.
"태양, 그대 고발하는 불꽃이여!"
그 후렴은 사냥꾼의 뿔피리 소리처럼 울렸다.

노래에는 살인자가 등장하는데,
이자는 환락과 기쁨 속에서 살았다. 그러나 사람들은
마침내 숲 속에서 교수형을 당한 살인자를 보게 되었다,

어느 회색의 버드나무에 목 매달린 살인자를.

살인자의 사형 선고문은
버드나무 줄기에 못 박혀 있었다.
비밀재판의 징벌관들이 이것을 행했다.
태양, 그대 고발하는 불꽃이여!

태양이 고발자였다. 태양은 살인자가
판결 받도록 조처했다.\*
오틸리에는 죽어가며 외쳤다:
태양, 그대 고발하는 불꽃이여!\*\*

내가 이 노래를 생각하니, 또한 유모도,
그 착한 노파도 생각난다.
온통 주름살로 뒤덮인
그녀의 갈색 얼굴이 다시 보인다.

유모는 뮌스터란트에서 태어났는데
으스스한 유령 이야기를,

---

\*그림 동화집의 〈밝은 태양이 모든 것을 밝혀낸다〉 이야기는 태양으로 인해 살인 행각이 발각된 재단공의 일화를 다루고 있다. 이 동화를 원용한 것으로 보인다.
\*\*하이네 연구에서는 보통 동화 속 살인범에 의해 살해된 오틸리에가 봉건적 전제 정치의 억압을 받는 독일 민중들을, 그리고 태양은 혁명을 상징하는 것으로 이해되고 있다.

그리고 동화와 민요를
아주 많이 알고 있었다.

이 노파가 들판에 외롭게 앉아서
금발 머리를 빗고 있는
공주의 이야기를 해줄 때,
내 가슴은 얼마나 뛰었던가.

그곳에서 공주는 거위지기 처녀로서
거위들을 지켜야 했다, 그리고 저녁에는 다시
거위들을 문 안으로 몰아넣어야 했다.
아주 슬프게 그녀는 서 있었다.

그도 그럴 것이 공주는 못 박혀 있는 말 머리 하나가
문 위에 솟아 있는 것을 보아야 했기 때문이다.
그것은 그녀를 낯선 곳으로 태우고 온
그 불쌍한 말의 머리였다.

공주는 깊이 한숨 쉬었다:
오, 팔라다, 너 거기 매달려 있다니!
말 머리는 내려다보며 외쳤다:
오, 슬픈지고! 당신이 떠나온 것이!

공주는 깊이 한숨 쉬었다:
내 어머니가 이 일을 안다면!
말 머리는 내려다보며 외쳤다:
그녀의 억장이 무너질 것이오!

숨을 죽이고 나는 귀를 기울였다,
노파가 더 진지하고 더 낮은 음성으로
말하기 시작하면, 그리고 붉은 수염에 대해서,
우리의 은밀한 황제에 대해서 이야기하면.*

노파는 내게 확언했다, 황제는,
학자들이 생각하는 것과는 달리,
죽지 않았노라고, 그의 전우들과 함께
어느 산속에 숨어 있노라고.

그 산은 키프호이저라고 불리는데,
그 안에는 동굴이 하나 있다.
천정에 매달린 등불들이 신비롭게

---

*신성로마제국의 황제 프리드리히 1세(1125~1190)는 붉은 수염 때문에 "바르바로사"('붉은 수염'이라는 의미)라는 애칭으로 불렸다. 그는 평화의 정착자로서, 제국의 개혁자로서 높은 신망을 얻었고, 사후에는 민중 설화 속에서 '영웅적인 미래의 황제'로 다시 태어났다. 설화에서 그는 죽지 않고 키프호이저 산 속에 은거하고 있으며 독일이 위급해지면 다시 나타나 독일을 구원해주는 인물로 나타난다. 17세기 말엽부터 바르바로사 신화는 독일 민족주의자들에게 정치적 목적으로 이용되기 시작했다. 하이네는 바로 이 민족주의화한 바르바로사 전설을 풍자하고 있다.

높은 아치형의 홀들을 비추고 있다.

첫 번째 홀은 마구간이다,
그곳에서는 수천 마리의 말들을
볼 수 있다, 번쩍이는 마구를 걸친 채
구유 앞에 서 있는 말들을.

말들에는 안장과 고삐가 채워져 있다,
그러나 이 말들 중 한 마리도
울지 않는다, 한 마리도 발을 구르지 않는다,
말들은 꼼짝도 하지 않는다, 마치 쇠로 주조된 것처럼.

두 번째 홀에서는 짚 침상 위에
누워 있는 병사들을 볼 수 있다.
수천 명의 병사들, 수염이 무성한
용맹하고 대담한 모습의 병사들.

그들은 머리에서 발끝까지 무장되어 있다,
그러나 이 용맹한 병사들은 모두
움직이지 않는다, 꼼짝도 하지 않는다.
그들은 굳게 누워서 잠자고 있다.

세 번째 홀에는 칼, 전투용 도끼, 창,

갑옷, 은과 강철로 만들어진 투구,
고물 화승총까지,
첩첩이 높이 쌓여 있다.

대포는 몇 문 되지 않으나,
전승 기념물이 되기는 충분하다.
그 위로는 깃발 하나 높이 솟아 있다,
깃발의 빛깔은 흑색-적색-금색이다.*

황제는 네 번째 홀에 거주한다.
이미 몇 세기 전부터 그는 돌 의자 위에
앉아 있다, 황제는 돌 탁자 위에
팔을 고여 머리를 받치고 있다.

땅바닥까지 자라 내려온 그의 수염은
마치 불꽃처럼 붉은 색이다.
때때로 그는 눈을 깜박거리고,
가끔씩 눈살을 찌푸리기도 한다.

그는 자고 있는가, 아니면 생각 중인가?
사람들은 그것을 정확히는 알아낼 수 없다.

*흑-적-황의 삼색기는 현재 독일의 국기이기도 하다.

그러나 때가 되면 그는
힘차게 떨쳐 일어날 것이다.

그리고 그 멋진 깃발을 움켜잡고
외칠 것이다: 말을 타라! 말을 타라!
그의 무장한 기마병들은 깨어나서
요란하게 철럭대며 바닥에서 뛰어오를 것이다.

모두가 힝힝 울며 발굽을 구르고 있는
자신의 말 위에 훌쩍 올라탄다!
그들은 쨍그랑 소리 요란한 세상으로
말을 달려 나온다, 그리고 나팔을 분다.

그들은 말을 잘 탄다, 전투도 잘한다,
그들은 충분히 수면을 취했다.
황제는 엄격한 재판을 행할 것이다,
그는 살인자들을 징벌하려 한다,

일찍이 소중하고 경이로운
금발의 처녀 게르마니아를
암살한 살인자들을.
태양, 그대 고발하는 불꽃이여!

잘 숨어 있다고 믿고서
웃으며 성 안에 들어 앉아 있던 많은 자들,
그들은 응징의 밧줄을 피할 수 없다,
바르바로사의 진노를!


늙은 유모의 옛이야기, 그 이야기는
얼마나 사랑스럽게, 얼마나 달콤하게 울리는가!
미신을 믿는 내 마음은 환호한다:
태양, 그대 고발하는 불꽃이여!

# 15장

얼음처럼 차디찬 가느다란 빗줄기가,
마치 뾰족한 바늘 끝처럼, 찌르는 듯 내린다.
말들은 슬프게 꼬리를 흔든다,
말들은 진창 속을 걷고 있다.

역마차의 마부가 뿔피리를 분다,
〈세 명의 기사가 성문을 나선다〉라는
이 오래된 연주곡을 나는 알고 있다.
내 기분이 아주 몽롱해졌다.

졸렸고, 그래서 나는 잠이 들었다.
그런데 보라! 마침내 나는 꿈을 꾸었는데,
내가 그 불가사의한 산 속에서

붉은 수염 황제 곁에 있지 않은가.

그는 더 이상 돌 탁자 앞의 돌 의자에,
석상처럼, 앉아 있지 않았다.
그는 또한, 사람들이 보통 상상하는 것처럼,
그렇게 존엄스럽게 보이지도 않았다.

황제는 나와 친밀하게 잡담을 나누며
함께 홀들을 이리저리 걸었다.
그는, 골동품상처럼, 그의 진기한 물품과
보물들을 나에게 보여주었다.

무기 홀에서 그는 곤봉들을 다루는 법을
나에게 설명해주었다.
족제비 털로 몇 자루 칼의
녹슨 곳을 문질렀다.

그는 공작 깃털 총채를 하나 손에 들더니
아주 많은 갑옷, 아주 많은 투구,
또 많은 뾰족 창이 달린 투구들로부터
먼지를 털어내었다.

그는 깃발의 먼지도 털어내면서

내게 말했다: "나의 가장 큰 자랑은
비단이 좀먹지 않았고,
나무에도 벌레가 슬지 않은 것이라네."

수천 명의 전사들이, 전투 준비를 갖춘 채,
바닥에 누워 잠자고 있는 홀로
우리가 들어갔을 때
노인네가 만족한 듯 말했다:

"우리 여기서는 좀 더 조용히 말하고 걸어야 하네,
이 사람들을 깨우지 않도록 말일세.
다시 백 년이 지나,
오늘이 봉급을 주는 날일세."

맙소사, 저 꼴이란! 황제가 천천히
잠자고 있는 병사들에게 다가가더니
병사 마다 1두카텐*을
주머니에 살며시 찔러주는 것이 아닌가!

내가 놀라서 그를 바라보자
황제는 싱긋 웃는 얼굴로 말했다:

*옛 유럽에서 통용된 금화.

"나는 병사 한 명당 급료로
백 년마다 1두카텐을 지불한다네."

말들이 길게 열을 지어
말없이 서 있는 홀에서
황제는 두 손을 싹싹 비볐다,
그는 아주 만족한 듯 보였다.

그는 말을 세었다, 한 마리 한 마리씩,
그러곤 말들의 늑골을 애무하듯 툭툭 쳤다.
그는 세고 또 세었다, 그의 입술이
아주 화급하게 움직였다.

"아직도 올바른 숫자가 아니야."
마침내 그가 역정을 내며 말했다.
"병사와 무기는 충분히 갖추고 있는데,
말들이 아직 부족하단 말이야.

말 상인들을
온 세상에 내보냈지,
그들은 나를 위해 아주 좋은 말들을 사들이고 있고,
그래서 이미 제법 많이 가지고 있긴 하네.

숫자가 완전히 채워질 때까지 나는 기다릴 거네,
그런 다음 출정하여 내 조국과,
충심으로 나를 기다리고 있는
내 독일 백성들을 해방시킬 것이야."

황제는 이렇게 말했다, 그러나 나는 외쳤다:
출정하시오, 이 늙은 양반아,
출정하시오, 말을 충분히 가지지 못했으면
말 대신 당나귀를 쓰시오.

붉은 수염은 빙긋 웃으면서 대답했다:
"서둘러 출정할 필요가 전혀 없다네,
로마는 하루에 세워진 것이 아니지,
좋은 일을 하려면 시간이 필요한 법이야.

오늘 오지 않는 자는 내일은 틀림없이 오는 법이네.
참나무는 아주 천천히 자라지.
'천천히 걷는 자가 안전하게 걷는다',
로마 제국의 속담도 그렇게 말하고 있지 않나."

# 16장

마차가 흔들리는 바람에 나는 잠이 깨었다,
그러나 곧 눈꺼풀이 다시 내려앉았고,
나는 잠이 들었다. 그러고는 다시
붉은 수염에 대해 꿈을 꾸었다.

다시 그와 함께 발소리 울리는 방들을
이런저런 이야기하며 거닐었다.
그는 내게 이것저것 질문을 했고,
내 의견을 요구했다.

여러 여러 해 동안에,
아마 7년 전쟁* 이후로,
그는 지상 세계로부터

아무런 소식도 듣지 못했다.

그는 모제스 멘델스존에 대해,
그리고 카르슈**에 대해 물었다. 루이 15세의
정부(情婦)인 뒤바리 백작 부인***에 대해서
관심을 가지고 물어 보았다.

오, 황제여, 나는 외쳤다. 당신은 정말 뒤떨어져 있습니다!
당신이 말하는 모제스는 오래전에 죽었답니다,
그의 레베카****와 함께 말입니다. 아들
아브라함 역시 죽었답니다. 썩어버렸지요.

아브라함은 레아와 함께
사내아이를 낳았습니다. 아이 이름은 펠릭스이지요.
그는 기독교 세계에서 큰 성공을 거두었고,*****
벌써 악단의 지휘자가 되었답니다.

---

*1756년부터 1763년까지 계속된 프로이센과 오지리 사이의 전쟁. 이 전쟁으로 프로이센은 슐레지엔 지방을 영토로 편입했다.
**안나 루이제 카르슈(Anna Louise Karsch(1722~1791): 독일의 여류 시인. 당시 높은 대중적 인기를 누렸다.
***루이 15세의 정부로서 프랑스 혁명 중인 1793년 12월 8일 단두대에서 처형되었다.
****모제스 멘델스존의 부인은 프로메트이다. 하이네는 '프로메트'를 구약성서 〈출애굽기〉에 등장하는 아브라함의 아들 이삭의 부인인 '레베카'라고 부르고 있다. 이는 레베카가 이스라엘 민족의 어머니로 불리는 것과 마찬가지로 프로메트가 멘델스존 가문의 어머니라는 의미를 담고 있다.
*****음악가 멘델스존은 그의 조상들과는 달리 기독교로 개종했다.

그 늙은 카르슈 역시 죽었답니다,
딸 클렝케 또한 죽었습니다,
손녀인 헬미네 체지는, 내 생각으로는,
아직 살아 있을 겁니다.*

뒤바리 부인은 즐겁고 화려하게 살았습니다,
루이 왕이, 물론 15세지요, 지배하는
동안에는 말입니다, 기요틴에서 목이 잘릴 때
그녀는 이미 늙은 노파였지요.

루이 15세는 그의 침상에서
아주 편안한 죽음을 맞았습니다,
그러나 16세는 왕비 앙투아네트와 함께
기요틴에서 참수되었답니다.

왕비는, 그녀의 신분에 아주 걸맞게,
큰 용기를 보여주었답니다.
그러나 뒤바리는, 기요틴에서 목이 잘릴 때,
울고불고 난리를 쳤지요.

황제가 갑자기 멈추어 섰다.

*클렝케와 헬미네 두 사람 모두 당시 상당한 명성을 얻은 여류시인이었다.

그러고는 꿰뚫는 듯한 시선으로
나를 보면서 말했다: "도대체,
그 기요틴 참수라는 것, 그게 무엇인가?"

기요틴 참수는, 나는 그에게 설명했다,
사람들을, 신분을 가리지 않고,
삶에서 죽음으로 데려가는
새로운 방법이랍니다.

이 새로운 방법에서 사람들은
또한 새로운 기구를 사용하지요.
기요틴이라는 사람이 발명했는데,
그래서 이 기구를 기요틴이라고 부른답니다.

당신이 여기 널판에 묶입니다,
널판이 숙여지고. 그러면 당신은
두 개의 기둥 사이로 빠르게 밀쳐 들어갑니다.
먼 꼭대기에는 삼각형의 도끼가 걸려 있지요.

밧줄이 당겨집니다, 그러면 그 도끼가,
아주 즐겁고 힘차게, 떨어져 내립니다.
그 참에 당신의 목은 아래쪽
자루 안으로 떨어지지요.

황제가 내 말을 가로챘다:
"입 닥쳐라, 네 기구에 대해서
나는 아무것도 알고 싶지 않다, 신께서 지켜주시길,
그런 기구가 나에게 사용되지 않도록!

왕과 왕비를!
묶는다고? 판자때기에?
그것이야말로 모든 존엄함과
예법에 어긋나는 짓이다.

그리고 너, 감히 나를 친한 척하고
당신이라고 부르는 네놈은 누구냐?
기다려라, 풋내기 녀석, 네놈의
건방진 날개를 잘라버리겠다!

네놈이 말하는 것을 듣고 있노라면,
마음속 깊은 곳에서부터 울화가 치솟는다.
네 숨결이 이미 반역이고,
황제에 대한 불경이로다!"

노인네가 이처럼 흥분하여
조금의 주저함도 제한도 없이
나에게 호통을 쳐대자, 내게서도

아주 깊숙이 감춰두었던 생각이 터져 나왔다.

붉은 수염 양반 — 나는 외쳤다 — 당신은
낡은 설화적 존재일 뿐이오,
가서 누워 잠이나 자시오, 당신 없이도
우리는 우리를 구원해낼 수 있소.

공화주의자들이 왕홀을 들고 왕관을 쓴
그런 유령이 우리의 선봉에 선 것을 보면
우리를 마구 비웃어댈 것이오.*
그자들은 고약한 재담들을 만들어낼 것이오.

당신 깃발의 색도 더 이상 내 맘에 들지 않소,
옛 독일식을 주장하는 바보 녀석들이
이미 대학생조합 시절에 흑색-적색-금색에 대한
내 즐거움을 망쳐버렸다오.**

당신이 집에, 이곳 옛 키프호이저의 집에,

---

*19세기 중엽 유럽에서 온건한 입헌군주제를 부정하고 완전한 공화정을 주장하는 공화주의는 가장 급진적인 정치사상이었다.
**18~19세기의 독일 대학에서는 많은 수의 대학생조합이 만들어졌는바, 이들은 대부분 민족주의적 애국을 표방했고, 그 결과 프랑스적인 계몽사상보다는 옛 독일적인 것을 주창하는 낭만주의적 성향을 지녔다. 하이네 역시 괴팅엔 대학에서 공부할 때 학생조합에 가입했으나, 이들의 배타적 민족주의에 실망하여 탈퇴하였다.

가만히 있는 것이 최선일 것이오.
내가 이 일을 아주 꼼꼼하게 생각해보니,
우리는 황제 따위를 필요로 하지 않소.

# 17장

나는 황제와 말다툼했다,
꿈에서, 물론 꿈에서이다.
깨어 있는 상태에서는 우린 군주들에게
그렇게 반항적으로 말하지 않는다.

꿈을 꾸는 동안에, 그저 이상적인 꿈속에서나
독일인은 군주들에게 독일의 의견을
말할 용기를 가진다, 그가 충성스러운 가슴속에
아주 깊숙이 간직하고 있는 그 의견을.

깨어났을 때 나는 어떤 숲을
지나고 있었다, 나무들을 보자,
벌거벗은 나무로 된 현실을 보자,*

내 꿈들이 사라졌다.

참나무들은 진지하게 머리를 흔들었고,
자작나무와 자작나무 가지들은 엄중히 경고하듯
머리를 끄덕였다.** 그래 나는 외쳤다:
용서해주시오, 소중한 황제시여!

제 성급한 말을 용서해주십시오, 오, 붉은 수염이시여!
당신이 저보다 훨씬 더 현명하시다는 것을 압니다,
저는 참을성이 아주 부족하답니다.
어쨌든 빨리 오십시오, 나의 황제시여!

기요틴 처형이 마음에 들지 않으면,
옛 방식대로 하십시오:
귀족은 칼로, 시민과 작업복 입은 농민은
밧줄로 처형하십시오.

그저 가끔은 바꿔 하십시오, 그래서
귀족도 목매달고, 시민과 농민들도 조금은

---

*"벌거벗은 나무로 된 현실"은 외형적으로는 잎이 떨어진 '앙상한 나무들의 실상' 을 의미하나, 내용적으로는 "벌거벗은", 즉 조금치의 가식도 없이 온통 드러난 "나무로 된", 즉 목재처럼 딱딱하고 무미건조한 "현실"을 의미한다. 그리고 이러한 "현실"은 윗 절의 "이상적인 꿈"과 대칭을 이룬다.
**당시 형벌용 채찍은 일반적으로 자작나무와 자작나무 가지로 만들었다.

참수하십시오. 우리는 모두 다
신의 창조물이 아닙니까.

중범죄 재판소를 다시 세우십시오,
카를 5세의 형법제도 말입니다.*
신분과 길드와 준프트에 따라**
백성들을 다시 구분해 나누십시오.

그 옛 신성로마제국을
다시 세우십시오, 아주 온전하게,***
곰팡이 냄새 코를 찌르는 그 허섭스레기를,
딸린 온갖 겉치레와 함께, 우리에게 다시 주십시오.

어쨌든간에 중세는,
있던 그대로의 진짜 중세는
견디어내겠습니다, 그저
저 잡종으로부터 우리를 구해주십시오,

고딕식**** 광기와 현대적 거짓의

---

*1532년 신성로마제국의 카를 5세 때에 최초로 통일된 형법체제가 도입되었다.
**유럽 중세의 봉건제도는 귀족, 시민, 농민으로 나뉜 신분제도를 근간으로 한다.
"길드"는 주로 상인들의 동업조합이고 "준프트"는 주로 수공업자들의 동업조합이다.
***962년부터 지속된 신성로마제국은 1806년 해체되었다.
****"고딕식"은 당시 "옛 조상 때의" 또는 "뒤떨어진"의 의미로 사용되었다.

구역질나는 혼합물이자,
고기도 아니고 생선도 아닌
저 각반 찬 기사제도로부터 말입니다.*

저 천한 희극배우 무리들을 몰아내십시오,
옛 시대를 서투르게 흉내 내는
저 극장들을 폐쇄하십시오.**
어서 오십시오, 오, 황제여!

*"각반"은 당시의 프로이센 군인을 의미한다.
**당시 베를린에는 역사극이 크게 유행했다.

# 18장

민덴은 견고한 성이다.
좋은 방벽과 무기를 가지고 있다.
그러나 나는 프로이센의 요새와는
즐겨 무슨 관계를 맺고 싶지 않다.

우리는 저녁 시간에 그곳에 도착했다.
도개교의 널판들이, 우리가 그 위를 굴러갈 때,
아주 소름 끼치는 신음 소리를 냈다.
시꺼먼 해자가 입을 쩍 벌리고 있었다.

높이 솟은 보루들이 날 바라보았다,
아주 위협적으로, 그리고 불쾌하게.
큰 성문이 덜커덩거리며 열렸고,

덜커덩거리며 다시 닫혔다.

아! 내 마음은 걱정으로 무거워졌다,
폴리페모스가 동굴 앞에다 큰 바위덩어리를
밀어놓는 소리를 들었을 때
오디세우스의 마음이 그랬던 것처럼.*

하사 한 명이 마차로 와서는
이름이 무엇이냐? 하고 우리에게 물었다.
내 이름은 '아무도 아니다'요,** 안과의사이며
거인의 눈병을 치료해 진실을 보게 한다오.

여관에서 내 기분은 더 나빠졌다,
음식 맛이 영 형편없었다.
그래 나는 곧바로 자러갔으나, 잠들지 못했다.
이불이 아주 무겁게 나를 짓눌렀다.

---

*트로이 전쟁 후 고향으로 돌아가던 오디세우스와 부하들은 외눈박이 거인 키클로페스족이 사는 섬에 상륙하였다가 이 거인족의 하나인 폴리페모스의 동굴에 갇히게 된다. 오디세우스는 폴리페모스에게 술을 먹여 취하게 하고 거인의 외눈을 찔러 장님으로 만든 후에 동굴을 벗어나 도망칠 수 있었다.
**오디세우스는 폴리페모스가 이름을 묻자, '우티스'라고 대답한다. '우티스'는 '아무도 아니다'라는 의미인바, 눈을 찔린 거인이 비명을 지르자 동료 거인들이 와서 무슨 일이냐고 물었다. 폴리페모스는 "우티스가 나를 죽이려 한다"고 대답했는데, 이 말은 곧 "아무도 나를 죽이려 하지 않는다"라는 뜻이기에 동료 거인들은 다시 흩어졌다.

침상은 널찍한 깃털 침대였고,
커튼은 붉은 다마스쿠스 무늬의 천이었다.
침대의 천개(天蓋)는 색이 바랜 금색이었는데
때 묻은 술이 달려 있었다.

빌어먹을 놈의 술! 온 밤 내내
내게서 편안한 휴식을 앗아 가다니!
술은 마치 다모클레스의 칼인 양
아주 위협적으로 머리 위에 매달려 있었다!*

술은 때로는 뱀 대가리처럼 보였고,
나는 이것이 은밀하게 쉿쉿 말하는 소리를 들었다:
너는 지금 이 요새 안에, 이 안에 있는 것이다.
너는 더 이상 도망칠 수 없다!

오, 나는 탄식했다,
집에 남아 있을 것을,
파리의 내 사랑하는 아내 곁에,
포부르 푸아소니에르에!**

*시라쿠스의 독재자 디오니시오스는 신하인 다모클레스가 그의 행복을 칭송하자 머리 위에 말 갈기 한 가닥으로 묶은 칼을 매달아놓고 자신의 모든 향연을 맛보게 했다. 이 세상의 위대한 사람들의 행복이라는 것이 항상 위협에 처해 있음을 보여주려 한 것이다. 이후로 "다모클레스의 칼"은 상존하는 위험을 일컫는 상용어가 되었다.
**하이네는 1841~1846년 동안 파리 포부르 푸아소니에르가(街) 46번지에 살았다.

때로는 그 무엇이, 차가운 검열관의 손 같은
그 무엇이, 마치 내 이마를 문지르는 듯한
느낌을 받았다.
그러면 내 생각들이 밀려나갔다.

수의에 감싸인 헌병들이,
하얀 유령의 혼란스러운 무리가
내 침대를 둘러쌌다, 쇠사슬이 철커덕거리는
기분 나쁜 소리도 나는 들었다.

아, 유령들은 나를 계속 끌고 갔다,
마침내 나는 가파른 암벽에 있는
내 자신을 발견했다.
나는 그곳에 묶여 있었다.

그 더럽고 사악한 침대 천개!
나는 그 침대 천개도 다시 보았다.
그것은, 그러나 이젠 독수리처럼 보였다,
발톱과 검은 깃털을 가진 독수리처럼.

천개는 이젠 프로이센의 독수리 같았고,*

*프로이센의 호헨촐러른 왕조는 독수리를 왕가의 문장으로 삼았다.

내 몸을 꽉 움켜잡고 있었다.
독수리는 내 가슴에서 간을 쪼아 먹었다.
나는 신음하고 탄식했다.*

나는 오랫동안 탄식했다 — 그러자 닭이 울었고,
열에 들뜬 악몽은 희미하게 바래져 갔다.
나는 민덴에서 땀 흘리며 침대에 누워 있었고,
독수리는 다시 침대 천개가 되어 있었다.

나는 특별 우편마차를 타고 출발했다,
그리고 바깥의 자유로운 자연 속에서,
뷔케부르크**의 땅 위에서야,
비로소 자유롭게 숨을 내쉬었다.

---

*인간에게 불을 훔쳐다 준 죄로 바닷가 바위 절벽에 묶여서 독수리에 의해 간을 쪼아 먹히는 형벌을 받은 프로메테우스의 신화를 원용하고 있다.
**뷔케부르크는 프로이센에 영속되지 않은 주권 제후국 샤움부르크-리페의 수도였다.

## 19장

오, 당통, 그대는 매우 잘못 생각했소,
그래서 그 잘못을 보상해야만 했소!
사람들은 조국을 가지고 갈 수 있다오,*
구두창에 붙여, 다리에 붙여서 말이오.

영주국 뷔케부르크 땅의 절반이
내 장화에 착 달라붙어 있었다.
이런 진흙탕 길을 나는
평생 동안 결코 본 적이 없었다.

*프랑스 혁명의 대표적 지도자 중 한 명인 당통(Georges Danton, 1759~1974)은 친구들이 급박한 처형 위험으로부터 도피할 것을 권유하자 다음과 같이 말했다 한다. "떠나라니! 조국을 구두창에 달고 갈 수 있겠는가?"

뷔케부르크 시에서 나는 마차에서 내렸다,
그곳에서 나의 할아버지가 태어난
조상의 성을 보기 위해서.
할머니는 함부르크 출생이시다.

정오에 하노버에 도착해서
나는 장화를 닦게 했다.
나는 곧바로 이 도시를 구경하러 갔다,
나는 유익하게 여행하기를 즐긴다.

맙소사! 도시는 정말 깨끗해 보였다!
골목길에는 오물이 없었다.
이곳에서 나는 많은 화려한 건물들을 보았다,
매우 위풍당당한 집단이었다.

거창한 집들로 둘러싸인
큰 광장 하나가 특히 내 맘에 들었다.
그곳에는 왕이 살고 있다, 그곳에 그의 궁전이 있다.
그것은 외양이 아름답다.

(내 말인즉 그 궁전의) 정문 앞에는
모든 쪽으로 경비 초소가 있다.
빨간 상의에 총을 든 위병들이 그곳에서 경계를 선다.

그들은 위협적이고 거칠어 보인다.

내 수다스러운 안내인이 말했다: "이곳에
에른스트 아우구스트 공이 살고 있답니다.
나이 많은, 아주 보수적인 영주이지요.*
귀족이고, 나이에 비해 매우 정정하답니다.

이곳에서 그는 목가적으로 평안하게 산답니다,
그도 그럴 것이 친애하는 우리 친지들**의
용기 없음이 어떤 친위병들보다도
그를 더 잘 보호해주고 있으니까요.

나는 그를 가끔 보는데, 그럴 때면 그는
자신의 직책이 아주 지루하다고 투덜댑니다,
그가 불행하게도 지금 이곳 하노버에서
맡고 있는 왕의 직책 말이지요.

대영제국적인 삶에 익숙한지라
그에게는 이곳이 너무 답답하답니다.
짜증이 나서 못 살겠다고 합니다.

---

*아우구스트 공(Ernst August, 1771~1851)은 하노버의 왕으로 즉위하기 전에는
영국 보수당인 토리당의 당수를 지냈다.
**초고에는 "독일의 혁명가들"로 쓰여 있다.

오래는 견디어내지 못할 것 같아 두렵다는군요.

그제께, 아침 시간에, 나는 그가 벽난로 앞에
청승맞게 꾸부리고 앉아 있는 것을 보았답니다.
왕은 몸소 그의 병든 개를 위해서
관장약*을 만들고 있더군요."

---

*아우구스트 왕이 1840년, 3년에 걸친 민중들의 항의 운동 후 재가한 헌법을 풍자
적으로 비유하고 있다.

# 20장

하르부르크에서 함부르크까지
나는 한 시간 동안 마차를 타고 갔다.
벌써 저녁이었다. 하늘의 별들이 내게
인사를 했다. 공기는 부드럽고 상쾌했다.

내가 어머니 집에 도착했을 때,
어머니는 거의 까무러칠 듯이 기뻐하셨다.
그녀는 "내 사랑스런 아이야!" 하고 외치면서
두 손바닥을 마주쳤다.

"내 사랑스런 아이야, 그동안
거의 13년이 지났구나!
틀림없이 매우 시장할 테니,

무얼 먹고 싶은지 말해보렴.

생선과 거위 고기,
그리고 맛 좋은 오렌지가 있단다."
그럼 저에게 생선과 거위 고기,
그리고 맛 좋은 오렌지를 주세요.

내가 왕성한 식욕으로 먹기 시작하자
어머니는 행복하고 즐거워하셨다.
그녀는 이런 걸 물어보고 저런 걸 물어보셨는데
그중에는 함정 질문도 섞여 있었다.

"내 사랑스런 아이야! 너는 이국땅에서도
아주 세심한 보살핌을 받고 있겠지?
네 아내가 집안 살림을 잘 꾸려가고
네 양말과 셔츠도 기워주느냐?"

사랑하는 어머니, 생선 맛이 좋아요,
그러나 생선을 먹을 때는 말하면 안 됩니다.
말하다간 목에 가시가 걸리기가 쉬우니까요.
그러니 이제 저를 방해하지 마세요.

내가 그 맛있는 생선을 먹어치우자

거위가 식탁에 올려졌다.
어머니는 다시 이런 걸 물어보고 저런 걸 물어보셨다.
그중에는 함정 질문도 섞여 있었다.

"내 사랑스런 아이야! 어느 나라가
가장 살기 좋더냐?
여기냐, 아니면 프랑스이냐? 그리고
어느 나라 사람들이 더 우월하다고 생각하느냐?"

어머니, 독일 거위는 고기 맛이 좋아요,
그러나 프랑스 사람들은 우리보다
거위 속을 더 잘 채울 줄 안답니다.
또 그들은 더 좋은 소스도 가지고 있어요.

거위 요리가 다시 치워지자,
어머니는 오렌지로 식사 시중을 들었다.
오렌지는 아주 달콤했다,
기대한 것보다 훨씬 더 나았다.

그러나 어머니는, 아주 즐거워하시며,
수천 가지 것에 대해 다시금 묻기 시작했다.
그중에는 대답하기 난처한
질문도 섞여 있었다.

"내 사랑스런 아이야! 지금은 어떤 생각을
하고 있느냐? 아직도 좋아서
정치 활동을 하느냐? 어느 당파에
신념을 가지고 속해 있느냐?"

어머니, 오렌지는 맛이 좋아요,
그래 아주 만족해서 저는
달콤한 과즙을 삼켰답니다,
그러나 껍질은 남겨놓았습니다.

## 21장

반쯤 불타버린 도시는
점차 다시 세워지고 있었다.*
함부르크는 반쯤 털이 깎인 푸들처럼
가련해 보인다.

내가 정말 잃고 싶지 않은
많은 골목길들이 사라져버렸다.
내가 첫 키스를, 사랑의 첫 키스를 했던
그 집은 어디에 있는가?**

*1842년 5월 5일에서 8일까지 계속된 대화재로 인해 함부르크는 도시의 3분의 1이 파괴되고 수많은 사상자와 이재민을 내었다.
**하이네는 함부르크의 숙부 집에 머물 때 사촌여동생인 아말리에와 첫사랑을 경험했다. 시인의 첫 번째 시집인 《노래의 책》은 파국으로 끝난 이 사랑의 고통스러운 체험에서 우러나온 서정시들을 모아놓은 것이다.

내 《여행화첩》을 찍어낸
인쇄소는 어디에 있는가?*
내가 처음으로 굴을 먹어본
아우스터켈러는 어디에 있는가?

그리고 드렉발은, 드렉발**은 어디로 사라졌는가?
찾아보았지만 헛수고로다!
내가 그토록 많은 케이크를 먹었던
파빌론은 어디에 있는가?

시 정부와 시의회가 자리했던
시청은 어디에 있는가?
화염이 앗아갔도다! 화염은
가장 신성한 것도 가리지 않았다.

사람들은 아직도 두려움에 떨며 탄식했다.
그들은 슬픈 얼굴을 하고 그 대화재에 대해
나에게 말해주었다,
그 끔찍한 이야기를:

---

*하이네는 《여행 화첩》 1권과 2권을 노이에 부르크가에 있던 랑호프 인쇄소에서 인쇄했다.
**정식 명칭은 '알테 발슈트라세'로, 이 거리에 함부르크의 유대인 거주지가 있었다.

"구석구석마다 동시에 불길이 솟아올랐답니다,
보이는 것이라고는 그저 연기와 불길뿐이었지요!
교회의 첨탑들이 불타올랐고
우지끈 소리 내며 무너져 내렸답니다.

옛 거래소 건물도 불타버렸지요,
우리의 조상들이 그 안에서 거닐었고,
몇 세기 동안이나 가능한 정직하게
서로 흥정을 했던 그 거래소도.

은행은, 도시의 은빛 영혼인 은행은,
그리고 모든 사람들의 예금 액수가 기록된
장부들, 그 장부들은, 신께 감사를!
소실되지 않았답니다!

신께 감사를! 아주 먼 나라들에서도
우리를 위해 모금을 했답니다.
좋은 돈벌이 사업이지요, 모금액은 아마도
8백만 방코\*에 이를 것입니다.

모든 나라들로부터 우리의

---

\*1873년까지 통용된 함부르크의 화폐 단위이다.

벌려진 손 안으로 돈이 흘러 들어왔답니다.
우리는 생필품도 받았습니다,
어떤 기부도 마다하지 않았지요.

사람들은 우리에게 옷과 침대도 충분히 보내주었고,
또한 빵과 고기, 그리고 수프까지도 보냈답니다!
프로이센의 왕은 심지어 우리에게
군대도 보내주려고 했습니다.

물질적 손실은 보상되었지요,
그것은 높이 평가할 일입니다.
그러나 그 공포, 우리가 겪은 그 공포,
그것은 아무도 보상해줄 수 없습니다!"

격려해주듯 나는 말했다: 친애하는 여러분,
당신들은 탄식하고 울부짖어서는 안 됩니다.
트로이는 더 좋은 도시였지요,
그런데도 불타버리고 말았습니다.

당신들 집을 다시 짓고
더러운 물구덩이를 다시 메우십시오.
더 좋은 법률을 만들고
더 좋은 소방펌프를 장만하십시오.

당신들의 바다거북 수프에
카옌 후추*를 너무 많이 넣지 마십시오.
당신들의 잉어 요리도 건강에 좋지 않답니다.
잉어를 비늘과 함께 너무 기름지게 요리하니까요.

칠면조 고기야 당신들에게 별 해가 되지 않지요,
그러나 시장의 가발 안에
제 알을 낳아 놓은
이 새의 간계에 대해서는 조심하십시오.**

누가 이 재수 없는 새인지를
당신들에게 말해줄 필요는 없겠지요.
이 새를 생각하면, 먹은 음식이
내 배 속에서 요동칩니다.

*프랑스령 가이아나에서 유래한 후추의 일종으로 매운 맛이 매우 강하다.
**도시 공화국 함부르크를 자신이 주도하는 관세동맹에 끌어들이려는 프로이센의 시도를 풍자적으로 비유한 구절이다.

## 22장

내게는 도시보다 사람들이
더 많이 변한 것처럼 보였다.
그들은 마치 걸어 다니는 폐허처럼
어둡고 낙담한 모습으로 배회하고 있었다.

깡마른 자들은 이제 더 말랐고,
비만한 자들은 더 뚱뚱해졌다.
아이들은 늙었고, 노인네들은, 대부분이,
어린애처럼 철이 없어졌다.

내가 떠날 때 송아지였던 많은 자들을
나는 황소로서 다시 보게 되었다.
아주 많은 작은 거위 새끼들이

당당한 깃털이 달린 거위가 되어 있었다.

나는 늙은 구델*을 보았는데, 그녀는
세이렌처럼 치장하고 있었다.
그녀는 검은 가발을 마련했다,
눈부시게 하얀 의치도.

내 친구인 종이 판매상**은
옛 모습 그대로였다.
그의 머리털은 노랗게 변했는데, 사방으로 얼굴을
둘러싸고 있었다. 마치 세례자 요한처럼 보였다.

그 ○○○○를 나는 그저 멀리서 보았다,***
그는 나를 재빨리 지나쳐 갔는데,
비버****의 보험회사에 보험을 들었던 그는
정신이 거의 나가버렸다고 한다.


*당시 함부르크에서 유명했던 창녀 이름이다.
**유대인 종이 상인인 미하엘리스(Eduard Michaelis)를 가리킨다.
***하이네가 누구를 ○○○○으로 지칭하였는지는 아직 확실히 밝혀지지 않았으나, 하이네의 작품에 대해 비판적인 비평문을 썼고, 특히 시인의 유대인 출신 성분을 공격하여 그의 격분을 산 부름(Christian Friedrich Wurm)을 뜻하였을 것으로 추정되고 있다.
****게오르그 비버(Georg Ehlert Bieber), 함부르크 소재 한 보험회사의 소유주. 그의 보험회사는 대화재 후 보험금을 지불하지 못했고 이로 인한 피해가 막심했다.

나는 내 옛 검열관*도 다시 보았다.
안개 속에서, 구부정한 허리를 하고 있는 그를
갠제 마르크트에서 만났는데,
몹시 풀이 죽어 있는 것처럼 보였다.

우리는 악수를 했는데, 그의 눈에는
눈물이 글썽거렸다.
나를 다시 보아 그는 참으로 기뻐했다!
그것은 매우 감동적인 장면이었다.

지인들을 모두 다 보지는 못했다.
많은 사람들이 그동안 속세를 떠났다.
아! 나의 굼펠리노** 조차
나는 다시 만나지 못했다.

이 고귀한 분은 그의 위대한 영혼을
막 내쉬는 숨결로 보내버린 참이었다.***
그는 이젠 천사 세라핌****으로 변용되어

*1822년부터 1848년까지 함부르크의 검열관을 지냈으며, 하이네의 많은 작품을 검열한 호프만(Friedrich Lorenz Hoffmann)을 가리킨다.
**함부르크의 부유한 은행가 굼펠(Lazarus Gumpel)을 변형시킨 이름이다. 하이네는 《여행 화첩》 여러 곳에서 그의 속물근성을 조롱했다. 본명 굼펠을 이탈리아어 풍의 굼펠리노로 바꾼 것도 이러한 조롱의 한 형태이다.
***굼펠은 1843년 11월 9일에, 즉 하이네가 함부르크에 체류하는 동안에 죽었다.
****구약성서에 등장하는 날개가 여섯 달린 천사를 말한다.

여호와의 옥좌 주변을 떠돌고 있다.

나는 함부르크의 골목길에서
도자기 잔과 요강들을
헐값에 팔던 꼽추 아도니스*를
도처에서 찾아보았으나 헛일이었다.

충실한 푸들 사라스도 죽었다.
엄청난 손실이로다! 내 장담컨대 캄페는
차라리 60명의 작가를 모두 잃어버리는 것이
더 낫다고 생각할 것이다.**

도시국가 함부르크의 주민은
유사 이래 유대인들과 기독교도들로
구성되어 왔다. 기독교도들도
기부는 그리 많이 하지 않는다.

기독교도들은 모두 매우 선량하며,

---

*당시 함부르크의 기인(奇人) 행상인 이작 잘로몬 마이어(Isaac Salomon Meyer)를 가리킨다. 그는 지적 장애인이었으며, 길가에서 폐품 도자기들을 헐값에 팔았다고 한다. 원래 아도니스는 그리스 신화에서 아프로디테 여신이 사랑한 아름다운 젊은 이의 이름이며 일반적으로 잘생긴 젊은 남자를 지칭하는 표현이기도 하다.
**캄페(Julius Campe)는 '캄페 출판사'의 사장이며, 하이네의 대부분 작품들이 이 출판사에서 출판되었다. 사라스는 캄페의 사냥개 이름이다.

점심 식사에 잘 먹는다.
기독교도들은 그들의 어음 역시
마지막 지불일 이전이라도 빠르게 결재한다.

유대인들은 다시금 서로 다른
두 파로 나뉘어져 있다.
전통주의자들은 시나고그로 가고,
개혁주의자들은 신전(神殿)으로 간다.*

개혁주의자들은 돼지고기도 먹으며,
반항적인 모습을 보인다. 그들은
민주주의자들이다. 반대로 전통주의자들은
귀족주의적이고 비루먹은 자들이다.

나는 전통주의자들을 좋아한다. 개혁주의자들도 좋아한다,
그러나 영원한 신의 이름을 걸고 맹세컨대,
나는 어떤 생선을 더 좋아한다.
사람들은 이 생선을 훈제 청어라고 부른다.**

*함부르크의 유대인들은 1816년 전통적인 예배방식을 고집하는 '시나고그파'와 예배 형식의 개혁을 주장하는 '신전 연맹(Tempelverein)'으로 갈라졌다.
**하이네는 예배 형식을 둘러싼 유대교도들의 갈등이 의미 없음을 조롱하고 있다.

# 23장

공화국으로서 함부르크는 결단코
베네치아나 피렌체처럼 위대하지는 못했다.
그러나 함부르크는 더 좋은 굴을 가지고 있다.
가장 좋은 굴은 로렌츠 켈러 식당에서 먹을 수 있다.

아름다운 저녁이었고, 나는
캄페와 함께 그곳으로 향했다.
우리는 그곳에서 같이 어울려
라인 포도주와 굴을 실컷 즐길 작정이었다.

그곳에서 나는 좋은 술친구들을 찾아내었다.
예를 들면 쇼프피에* 같은 많은 옛 동지들을
나는 그곳에서 기쁘게 다시 보았다.

또한 많은 새로운 형제들도.**

거기엔 빌레***도 있었는데, 그의 얼굴은
대학 시절 결투의 상대자들이
아주 쉽게 읽을 수 있도록 칼로 새겨놓은
하나의 족보 책이었다.

거기엔 푹스****도 있었는데,
그는 눈먼 이교도이자, 여호와의
개인적 적이다. 그는 오로지 헤겔만을,
그리고 약간은 카노바의 비너스를 믿는다.*****

내 친구 캄페는 멋진 향응을 베풀었다.
그는 기쁨에 넘쳐 미소 짓고 있었는데,
그의 눈은, 마치 정화된 성모 마리아처럼,
축복을 내뿜고 있었다.

---

*헤르만 데 쇼프피에(Hermann de Chaufpié): 함부르크의 의사.
**헤겔 좌파에 속한 청년 지식인들을 의미하는 것으로 보인다. 이들을 "형제"라고 부른 것은 하이네가 이들과 일정 정도 생각을 공유하고 있음을 보여준다.
***빌레(Wille, 1811~1896): 독일의 언론인. 괴팅엔 대학에서 법학과 철학을 전공한 후, 함부르크에서 활동했다.
****프리드리히 푹스(Friedrich A. Fuchs, 1811~1856): 헤겔 철학에 경도된 당시 함부르크의 김나지움 교사.
*****안토니오 카노바(Antonio Canova, 1757~1833): 이탈리아의 조각가. 이탈리아 고전주의의 대표적 조각가로, 나폴레옹의 누이동생을 모델로 한 〈비너스〉는 그의 대표작 중 하나이다.

나는 먹고 마셔댔다, 왕성한 식욕으로,
그러면서 마음속으로 생각했다:
"이 친구 캄페는 정말 위대한 사람이다,
모든 출판인들의 꽃이다.

다른 출판업자 같으면 아마도
나를 굶주리게 했을 텐데,
캄페는 내게 마실 것까지도 주는구나.
그를 결코 떠나지 않을 것이다.

하늘에 계신 창조주에게
나는 감사드리노라,
그분께서는 이 포도의 즙을 만드시고,
율리우스 캄페를 출판인으로 내게 주셨으니!

하늘에 계신 창조주에게 나는 감사드리노라,
그분께서는, 위대한 '있어라'라는 말씀을 통해서,
바다에는 굴을 만드시고,
땅 위에는 라인 포도주를 만드셨으니!

그분은 굴을 적셔줄
레몬도 자라게 하셨도다,
아버지시여, 저로 하여금 오늘 밤

먹은 것을 잘 소화하도록 해주소서!"

라인 포도주는 점점 더 내 기분을 부드럽게 만들었고,
내 가슴속의 모든 갈등을 해소해주었다.
라인 포도주는 내 가슴속에
인간에 대한 사랑의 욕구*를 점화시켰다.

그 욕구는 나를 방 밖으로 내몰았고,
나는 길거리를 배회해야만 했다.
내 영혼이 다른 하나의 영혼을 찾았고,
그래서 다정한 흰 옷이 있는지 살펴보았다.

이러한 순간들에는 나는 슬픔과 그리움으로 해서
거의 녹아 흘러내릴 지경이다.
고양이들은 나에게 모두 회색으로 보이고
여인들은 모두 헬레네로 보인다.**

드레반***에 당도했을 때,
나는 희미한 달빛 속에서

*"인간에 대한 사랑의 욕구"는 '성적 욕구'를 비유적으로 표현한 말이다.
**괴테의《파우스트》중 메피스토의 유명한 말. "이 약이 네 몸에 들어간 이상/ 모든 여자들이 네게는 헬레네로 보일 것이다"에 비유한 것이다. 헬레네는 트로이 전쟁을 유발시킨 여인이며 '아름다운 여인'의 상징이다.
***함부르크의 유명한 사창가이다.

존엄스러운 한 여인을 보았다.
놀랍도록 젖가슴이 볼록 솟은 여인이었다.

여인의 얼굴은 둥글었고 아주 건장했다.
두 눈은 터키석처럼 푸르렀다.
장미 같은 두 뺨, 앵두 같은 입,
코도 약간 붉은 색이었다.

하얗고 빳빳한 아마포 모자가
그녀의 머리를 덮고 있었다.
모자는 탑과 톱니 모양의 성첩(城堞)이 달린
성벽의 관(冠)처럼 주름이 잡혀져 있었다.*

여인은 장딴지까지 이르는
하얀 튜닉을 걸치고 있었다.
그런데 그 장딴지란! 마치 두 개의
도리스식 기둥의 주각(主脚) 같았다.

사람들은 그녀의 얼굴 표정에서
매우 세속적인 자연스러움을 읽을 수 있었다.
그러나 초인적 크기의 엉덩이는

*함부르크 시의 문장(紋章)을 묘사한 부분이다.

그녀가 고귀한 존재임을 내비치고 있었다.*

그녀는 내게로 다가와서 말했다:
"13년 동안 떠나가 있다가
이제 엘베 강변에 온 것을 환영합니다.
내 보기에 당신은 아직도 예전 그대로군요!

당신은 아마 그 아름다운 영혼들을 찾고 있지요,
당신이 그렇게 자주 만났고, 당신과 함께
온밤 내내 이 아름다운 지역을
떼를 지어 쏘다니던 그 영혼들을.

삶이, 이 괴물이, 머리가 백 개나 달린
히드라가 이들을 삼켜버렸답니다.
그 옛 시절을, 그 옛 시절의 여인들을
당신은 다시 찾을 수 없어요!

젊은 가슴이 신처럼 떠받들던 그 귀여운 꽃들을
당신은 더 이상 찾을 수 없습니다.
이곳에서 그들은 꽃 피었지요 — 이제는 시들어버렸답니다,
폭풍이 그들의 꽃잎을 뜯어 흩어버렸지요.

*'예쁜 엉덩이'는 아프로디테 여신의 별명이다.

시들었고, 꽃잎은 뜯겨졌고, 심지어는
거친 운명의 발굽에 짓밟혔답니다.
친구여, 그것이 모든 아름답고 달콤한 것이
이 세상에서 갖게 되는 운명이랍니다!"


당신은 누구요 ― 나는 외쳤다 ― 당신은 나를
마치 옛 시절에서 온 꿈인 양 바라보고 있소.
거대한 여인이여, 당신은 어디서 살고 있소?
내가 당신과 함께 가도 되겠소?


그러자 그 여인은 빙긋 웃으며 말했다:
"당신 잘못 생각하고 있어요, 나는 기품 있고
단정하며, 도덕적인 사람이랍니다.
당신 잘못 생각하고 있어요, 나는 그런 여자가 아닙니다.


난 그런 하찮은 아가씨가 아니에요,
그런 프랑스 창녀가 아닙니다.
자, 알아두세요. 나는 하모니아입니다,
함부르크를 지켜주는 여신이지요.


당신 멈칫거리네요, 깜짝 놀라기까지 하는군요,
평소에는 그렇게 용기 있게 노래하던 당신이!
아직도 나와 함께 갈 의사가 있습니까?

좋아요, 그렇다면 더 이상 망설이지 말아요."

그러나 나는 크게 웃으며 외쳤다:
지금 당장 따라가겠소,
앞장서시오, 당신 뒤를 따를 테니,
설사 지옥으로 간다 해도 말이오!

## 24장

내가 어떻게 그 좁다란 층계를 통해
위층으로 올라갔는지, 난 말할 수 없다.
아마도 보이지 않는 유령들이
나를 들어 위로 올려 갔을 것이다.

이곳, 하모니아의 작은 방 안에서는
시간이 빨리 흘러갔다.
여신이 고백했다,
항시 나에게 호감을 느꼈노라고.

"당신 알아요," — 그녀가 말했다 — "예전에는
그의 경건한 현금으로
메시아를 노래한 시인이

나에게 가장 소중했었지요.*

저기 화장대 위에 아직도
나의 클롭스토크의 흉상이 서 있어요.
그러나 이 흉상은 몇 년 전부터는
그저 내 모자걸이로 사용되고 있답니다.

이제는 당신이 나의 총아랍니다,
침대 머리맡엔 당신의 초상화가 걸려 있어요.
자, 보세요, 싱싱한 월계수 가지가
저 사랑스러운 초상화 액자를 감싸고 있지요.

다만 당신이 그렇게 자주 내 아들들을
헐뜯는 것이 때로는 내 마음에 깊은 상처를
주었다는 것만은 내 고백하지 않을 수 없군요.
그런 일은 더 이상 생겨나서는 안 됩니다.

세월이 당신의 그런
나쁜 버릇을 치유해주었기를,
그리고 당신이 심지어는 바보들에게도

*독일 감상주의 문학의 대표적 작가 클롭스토크(Friedrich Gottlob Klopstock, 1724~1803)를 가리킨다. 그는 1770년부터 죽을 때까지 함부르크에서 살았으며 〈메시아〉는 그의 대표 작품 중 하나이다.

좀 더 관용을 가지게 해주었기를 바랍니다.

하지만 말해보세요, 어떻게 이런 계절에
북쪽으로 여행할 생각이 들었지요?
날씨는 벌써
겨울로 접어들었는데!"

오, 나의 여신이여! — 나는 대답했다 —
인간의 마음속 저 깊은 바닥에는
올바른 때가 아닌데도 번번이 깨어나는
생각들이 잠자고 있다오.

겉으로는 난 꽤 잘지냈지요,
그러나 안으로는 마음이 답답했다오,
그리고 이 답답함은 날마다 더 커져갔지요,
향수라는 병을 얻게 된 거지요.

평소에는 그렇게 가볍던 프랑스의 공기가
나를 억누르기 시작했소.
질식하지 않기 위해서는 난
이곳 독일에서 숨 쉬어야만 했다오.

나는 토탄(土炭) 냄새가 그리웠소,

독일의 담배 연기가 그리웠다오.
내 다리는 독일의 땅을 구르고 싶은
초조한 마음으로 부들부들 떨렸지요.

밤중에 나는 한숨을 쉬었다오, 그 부인을
다시 보고 싶은 마음이 간절했지요,
담토어에 사는 그 늙은 부인 말이오.
로테도 근처에 살고 있지요.*

나를 항상 꾸짖으시고,
그러면서도 늘 관대하게 감싸주시던
그 늙은 신사 분**, 난 그분이 보고 싶어서도
많은 한숨을 내쉬었다오.

난 그분의 입으로부터 다시금
"바보 녀석"이라는 말을 듣고 싶었다오!
그 말은 항시 음악처럼
내 마음에 긴 여운을 남겼었지요.

나는 독일의 굴뚝들에서 피어오르는

*하이네의 어머니 베티 하이네는 함부르크의 대화재 이후 담토어가에 새 거처를 정했다. "로테"는 하이네의 여동생 샤를로테의 애칭이다.
**하이네의 숙부인 잘로몬 하이네(Salomon Heine)를 가리킨다. 그는 함부르크의 부유한 은행가였으며, 하이네에게 재정적으로 많은 도움을 주었다.

그 푸른 연기가 그리웠다오,
니더작센의 나이팅게일이,
고요한 너도밤나무 숲이 그리웠다오.

나는 심지어 그 장소들도 그리웠다오,
내가 가시 면류관을 쓰고
젊음의 십자가를 질질 끌고 갔던
고통이 머무르는 그곳들도 말이오.

내가 언젠가 더없이 고통스러운 눈물을
흘렸던 곳, 그곳에서 나는 울고 싶었다오.
내 생각으로는, 이런 바보 같은 그리움이
애국심이라고 불릴 것이오.

그 애국심이란 것에 대해서 난 즐겨 언급하지 않소.
그건 근본적으로는 하나의 병에 불과하다오.
부끄러운 마음으로 나는 항시 내 상처를
독자들에게 숨겨왔지요.

사람들의 마음을 움직이려고
애국심을, 그것이 가진 모든 궤양(潰瘍)과 함께,
과시하고 다니는 천민 무리들,
그들이 나는 정말 혐오스럽다오.

그자들은 염치없고 초라한 거지들이오,
자선을 바라지요,
멘첼과 그의 슈바벤 동료들을 위한
한 푼의 인기 말이오!

오, 나의 여신이여, 당신은 오늘
감상적 기분에 잠긴 나를 본 것이오.
난 약간 병들었다오, 그러나 내가 자신을
잘 돌보면, 곧 건강해질 것이오.

그렇소, 난 병들었소, 그런데 당신은
좋은 차 한 잔을 가지고
내 영혼에 원기를 불어넣을 수 있다오.
그 차에다는 럼주를 섞어야 하오.

## 25장

여신은 나를 위해 차를 끓였고
럼주를 부어 넣었다.
그러나 그녀 자신은 차가 전혀 섞이지 않은
럼주를 마셨다.

여신은 내 어깨에 머리를 기댔다,
(그래서 성벽의 관, 즉 그녀 모자가
약간 구겨졌다) 그러고는
부드러운 음성으로 말했다:

"당신이 그 예절 없는 파리에서,
그 경망스러운 프랑스인들 곁에서,
아무런 감독도 없이 사는 걸 생각하면

나는 가끔 깜짝 놀란답니다.

당신은 그곳에서 이리저리 방황하고 있는데,
멘토*로서 당신에게 경고하고 이끌어줄
충실한 독일 출판인조차
당신은 곁에 두고 있지 않아요.

그런데 그곳은 유혹이 너무 강해요,
그곳엔 아주 많은 실프들**이 있지요,
이 요정들은 불건강하고,*** 그래서 사람들은
아주 쉽사리 영혼의 평안을 잃어버립니다.

돌아가지 말고 우리 곁에 남아 있어요.
이곳에는 아직도 규율과 예절이 지배하고 있답니다,
그리고 이곳에도, 우리 가운데에도,
많은 은밀한 즐거움이 꽃피고 있답니다.

우리 곁에, 독일에 남아 있어요, 이곳은
과거 어느 때보다 더 당신 마음에 들 것입니다.

---

*그리스 신화에 나오는 오디세우스의 친구이자 조력자.
**그리스 신화에 등장하는 공기의 요정.
***"불건강하다"라는 말로서 하이네는 "실프"가 당시 파리에서 흔히 볼 수 있던 예술가들의 정부(情婦)임을 암시하고 있다.

우리는 발전하고 있어요, 당신 자신도 틀림없이
우리의 발전을 보았을 것이에요.

검열도 더 이상 엄격하지 않아요,
호프만은 늙고 온화해졌답니다.
그래서 더 이상 젊음의 폭급함으로
당신의 《여행 화첩》을 마구 지우지 않을 거예요.*

당신 자신도 이제는 나이가 들고 온화해졌어요,
많은 것에 순응할 수 있을 겁니다.
과거까지도
더 긍정적으로 바라볼 것입니다.

그래요, 예전에 독일에서 우리가 그렇게
끔찍하게 지냈다는 것은 과장입니다.
사람들은 노예 신분에서 벗어날 수 있었지요,
예전에 로마에서 했던 것처럼, 자살을 통해서 말이에요.

국민은 사상의 자유를 누렸습니다,
이 자유는 광범위한 대중에게 주어진 것이었지요,
제한은 단지 적은 숫자의 사람들에게만 해당되었어요,

*함부르크의 검열관 호프만은 하이네의 《여행 화첩》 권의 여러 부분을 삭제했다.

자기 생각을 인쇄하는 사람들에게만요.

불법적 전횡이 지배한 적은 결코 없었습니다,
아주 불순한 선동가에게도
판결 선고 없이는 한 번도
공민권이 박탈되지 않았답니다.

모든 시대적 어려움에도 불구하고
독일에서의 상황은 절대로 매우 나쁜 것은 아니었습니다.
내 말을 믿어요, 독일 감옥에서는
굶어 죽은 사람이 한 명도 없답니다.

과거에는 믿음과 정서적 평안함이
온갖 아름다운 현상들로
꽃피었었지요.
지금은 그저 의심과 부정만이 지배하고 있어요.*

실질적인 외적 자유가 언젠가는
우리가 가슴에 품고 있는 이상을
말살할 것입니다, 그 이상은
백합의 꿈처럼 순수했지요!

*"의심"과 "부정"은 계몽주의 비판철학의 본성이다.

우리의 아름다운 시(詩)도
소멸될 것입니다. 이미 조금은
소멸되었지요. 다른 왕들과 함께
프라일리그라트의 흑인 왕도 죽을 겁니다.

후손들은 충분히 먹고 마실 수는 있을 겁니다,
그러나 평온한 고요함 속에서 그럴 수는 없을 거예요.
시끄러운 소리와 함께 요란한 활극이 다가오고 있어요.*
목가(牧歌)는 종말을 향해가고 있습니다.

오, 당신이 침묵할 수만 있다면, 난 당신에게
운명의 책을 열어 보여줄 수도 있어요.
당신이 내 마법의 거울을 통해
나중에 올 시대를 보게 할 수도 있답니다.

내가 유한한 인간에게 한 번도 보여주지 않은 것,
그것을 나는 당신에게 보여주고 싶어요.
당신 조국의 미래를 말입니다.
그러나 아! 당신은 입 다물 수 없겠지요!"

맙소사, 오 여신이여! ― 나는 기뻐 외쳤다 ―

*"요란한 활극"은 좁게는 사회주의 혁명, 넓게는 산업혁명을 포함한 현대 산업사회의 대두로 이해된다.

그것이야말로 큰 즐거움이겠소.
미래의 독일을 보게 해주시오 —
난 사나이요, 발설하지 않겠소.

나의 침묵을 보증하기 위해서
난 당신이 요구하는
그 어떤 맹세라도 기꺼이 하겠소.
말하시오, 내가 어떻게 맹세해야하오?

그러자 여신이 대답했다: "아버지 아브라함의
방식으로 나에게 맹세하세요,
엘리저가 길을 떠날 때
그에게 맹세를 시킨 그 방식으로 말입니다.*

내 옷을 들어 올리고, 당신 손을
여기 내 궁둥이 밑에 대세요.
그리고 말로도 글로도 침묵할 것을
내게 맹세하세요!"

장엄한 순간이었다! 내가 옛날 옛날

---

*아버지 아브라함의 방식으로 맹세하는 것은 성서의 〈창세기〉 24장 2절에서 3절까지, "네 손을 내 엉덩이 밑에 대고, 나에게 맹세하여라"에서 따왔으며, 엘리저는 〈창세기〉 15장 2절에 "다마스커스의 엘리저"로 등장한다.

조상들의 관습에 따라 맹세를 할 때
마치 태고의 입김이 나에게
불어오는 듯한 느낌이 들었다.

나는 여신의 옷을 들추고는
그녀의 엉덩이에 내 손을
올려놓았다, 말로도 글로도
침묵할 것을 맹세하면서.

# 26장

여신의 두 뺨이 아주 붉게 달아올랐다
(내 생각으로는 럼주가 그녀의
머리로 올라온 듯하다), 매우 애상에 찬 음성으로
여신은 나에게 말했다:

"나는 늙어가고 있어요. 함부르크가
세워진 해에 나는 태어났지요.
어머니는 이곳 엘베 강 어귀에 사는
대구의 여왕이었답니다.

내 아버지는 카를 대제라고 불리는
위대한 군주였습니다.
그분은 프로이센의 프리드리히 대제보다도

더 강하고 더 영리하셨지요.

그분이 대관식 날 앉으셨던 의자는
아헨에 보관되어 있습니다.*
그분이 밤에 사용한 변기는**
선량하신 어머니가 물려받으셨고요.

어머니는 그 변기를 내게 남겨주셨답니다.
겉모양은 볼품없는 가구지요.
그러나 로스차일드***가 그가 가진 모든 돈을 준다 해도
나는 그 변기를 결코 팔지 않을 겁니다.

보세요, 저기 구석에
오래된 의자가 서 있지요,
팔걸이의 가죽은 찢어졌고,
방석도 온통 좀이 먹었어요.

저기로 가서 의자에서

---

*카를(샤를마뉴)대제는 서기 800년 로마에서 황제로 등극했다. 대관식 때 그가 앉은 의자는 지금도 아헨 성당의 팔츠카펠레에 보관되어 있다. '카펠레'는 큰 교회의 부속 예배당을 의미한다.
**중세의 좌식 변기는 의자와 똑같은 형태를 하고 있으며, 앉는 부분에 구멍이 뚫려 있고, 그 밑에 항아리가 달려 있다.
***당시 유럽의 왕실에 돈을 빌려주기까지 했을 정도로 유명한 은행가 가문이다.

방석을 들어 올려요,
그러면 둥근 입구가 보일 겁니다,
그 밑에는 냄비가 하나 달려 있고요.

그것은 마법의 힘이 끓어오르는
마법의 냄비랍니다.
그 둥근 구멍에 머리를 박아요,
그러면 당신은 미래를 보게 될 겁니다.

거기서 당신은 독일의 미래를
물결치는 환영처럼 보게 될 거예요.
그러나 분뇨에서 독기가 올라온다 해서
무서워 떨지는 말아요."

여신은 이렇게 말하고는 이상하게 웃었다.
그러나 나는 무서워 떨지 않았다.
호기심에 차, 나는 서둘러서 내 머리를
그 무시무시한 둥근 구멍에 처박았다.

내가 본 것, 그것을 나는 말하지 않겠다.
침묵하기로 맹세한 터라,
내가 말할 수 있는 것은 거의 없다.
오, 신이여! 내가 맡은 냄새란!

그 천하고 비루먹을 놈의 서막(序幕) 냄새를 생각하면
나에겐 아직도 혐오감이 치솟는다.
그것은 오래된 석탄과 러시아산 가죽을
뒤섞어놓은 듯한 냄새였다.

오, 산이여! 뒤이어 올라오는
냄새들은 끔찍하기만 했다.
마치 서른여섯 개의 분뇨 통을 칠 때 나는
그런 냄새들이었다.

나는 생-쥐스트*가 예전에
공안위원회**에서 한 말을 알고 있다,
장미유와 사향으로는 이 큰 병을
치유할 수 없노라는 그 말을.

그러나 이 독일 미래의 냄새는
내 코가 지금껏 예상했던
모든 것을 능가하는 것이었다.
나는 더 이상 참을 수가 없었다 ―

―――――――――
*루이 앙투안 드 생-쥐스트(Louis Antoine de Saint-Just, 1767~1794): 프랑스의 정치가. 급진적 성향의 프랑스 혁명 지도자로, 로베스피에르의 오른팔이었으며, 수려한 외모와 냉정한 혁명 활동으로 유명했다.
**프랑스 혁명 당시 가장 과격하고 급진적인 성향의 조직이었다.

나는 의식을 잃었다, 내가 다시 눈을 떴을 때,
나는 여전히 여신의 곁에 앉아 있었다.
내 머리는 그녀의 가슴에,
그 널따란 가슴에 기대어져 있었다.

여신의 눈이 번쩍였다, 입은 달아올랐고.
콧구멍은 씰룩거렸다.
그녀는 술에 취한 듯 시인을 껴안고는
소름끼치게 거친 광적 황홀경에 빠져 노래했다:

"내 곁 함부르크에 머물러요, 난 당신을 사랑해요,
우리 마시고 먹어요,
현재의 포도주와 굴을.
어두운 미랠랑은 잊어버리고요.

뚜껑을 덮어요! 악취가 우리의
기쁨을 훼손하지 않게 말예요.
난 당신을 사랑해요, 한 여자가 지금껏
독일 어느 시인을 사랑했던 것처럼.

당신에게 입 맞출게요, 그러면 당신의
창조력이 나를 열광시키는 것이 느껴진답니다.
그 어떤 기이한 황홀감이

내 영혼을 점령해버렸어요.

야경꾼들이 길에서 노래하는 것이
들리는 듯하네요.
저건 축가군요, 결혼식 음악이에요,
내 즐거움의 달콤한 동반자군요!

이제 활활 불타는 횃불을 들고서
말을 탄 시종들이 오고 있어요.
그들은 단정하게 횃불 춤을 추네요.
뛰어 오르고, 뛰어 다니고, 비틀거리는군요.

높고 현명하신 시 참사회 분들이 옵니다,
원로원 위원들도 오네요.
시장님이 헛기침 하는군요,
연설을 하려나 봅니다.

번쩍이는 제복을 입고서
외교단이 나타나는군요.
그들은 이웃 국가의 이름으로
조건부 축하를 합니다.

종교 단체의 대표들이 옵니다,

유대교 랍비와 신부들이.
그러나 아! 저기 호프만도 오는군요,
그의 검열 가위를 들고서!

가위가 그의 손 안에서 찰깍거려요,
저 거친 작자가 당신 몸을 향해
달려들어요 ─ 그가 살을 잘라냅니다 ─
그건 당신의 가장 소중한 부분이었어요."

## 27장

그 이상한 밤에 계속해서
무슨 일이 일어났던지는,
다음 번에 당신들에게 이야기하리다,
따뜻한 여름날에.

옛 거짓의 세대는 오늘날,
정말 다행히도, 사라져가고 있다.
이 세대는 점차 무덤 속으로 가라앉고 있다,
그들의 거짓의 병으로 죽어가고 있다.

하나의 새로운 세대가 자라나고 있다,
가식과 죄악이라곤 전혀 없는,
자유로운 생각과 자유로운 즐거움을 가진 세대가.

그들에게 나는 모든 것을 말해줄 것이다.

시인의 긍지와 가치를 이해하는
젊음이 싹트고 있다,
시인의 가슴에서, 시인의 햇볕 같은 마음에서
따뜻함을 취하는 젊음이.

내 가슴은 빛처럼 사랑을 하며,
또 불처럼 순수하고 순결하다.
더없이 고귀한 우아함이
내 칠현금의 현을 뜯고 있다.

이것은 옛적 내 아버지가,
뮤즈의 총아인,
축복받은 아리스토파네스\*가
연주한 바로 그 칠현금이다.

이것은 옛적 그분이
바실레이아에게 구혼한,
그녀와 함께 높이 날아 오른
파이스테테로스를 노래한 그 칠현금이다.\*\*

\*아리스토파네스(Aristophanes, B.C.450~B.C.385): 고대 그리스의 희극작가. 하이네는 이 작가에 대해 큰 경외심을 가졌다.

앞 장에서 나는 《새들》의 마지막 장면을
약간 모방해보려고 했다.***
《새들》은 확실히
아버지의 드라마 중 최고의 작품이다.

《개구리들》 역시 뛰어난 작품이다.
이 작품은 이제 독일어로 번역되어
베를린의 무대에 올려져 있다,
왕의 즐거움을 위해서.****

왕은 이 작품을 좋아한다. 그것은
좋은 고전적 취미를 말해준다.
전왕(前王)은 현대적 개구리 울음 소리를
훨씬 더 즐거워했었는데.

왕은 이 작품을 좋아한다. 그러나
작가가 생존해 있다면,
나는 그분께 충고하겠다,

**바실레이아와 파이스테테로스(올바른 이름은 '피스테타이로스')는 아리스토파네스의 희극 《새들》에 등장하는 인물로, 허공의 꿈나라에서 결혼식을 한다.
***앞 장의 결혼식 축가 묘사를 가리킨다.
****《개구리들》은 아리스토파네스의 익살 광대극으로, 1843년에서 1844년으로 넘어가는 겨울에 베를린에서 상연되었다. 자신을 예술 애호가로 나타내기를 좋아한 당시 프로이센의 왕 빌헬름 4세도 즐겨 이 연극을 관람하였다. 빌헬름 4세의 이른바 예술 애호는 하이네의 신랄한 풍자 대상이었다.

프로이센으로는 납시지 말라고.

실제 아리스토파네스라면,
그 불쌍한 사람은 잘지내지 못할 것이다.
우린 곧 그분이 일단의 무장경찰들과
동행하는 것을 볼 것이다.

천민들은 곧 허가를 받을 것이다,
꼬리치는 대신에 욕하는 것을.
경찰은 명령을 받을 것이다,
이 고귀한 분을 추적하라는.

오, 왕이여! 난 당신에게 호의를 갖고 있고,
그래서 당신에게 충고를 하나 하겠습니다,
죽은 시인들, 그들은 그저 존중하기만 하면 됩니다,
그러나 살아 있는 시인들은 건드리지 마십시오.

살아 있는 시인들을 모욕하지 마십시오,
그들은 제우스의 번개보다도 더 무서운
화염과 무기를 가지고 있답니다.
제우스의 번개야 시인이 만들어놓은 것이지요.

신들을 모독하십시오, 옛 신들과 새로운 신들을,

올림푸스의 패거리 모두를,
덧붙여서 지고한 여호와도,
다만 시인은 모독하지 마십시오!

신들은 물론 인간의 나쁜 짓을
매우 엄하게 벌합니다.
지옥의 불길은 상당히 뜨겁지요,
그곳에선 사람들은 쪄지고 구워지지요.

그러나 기도를 통해, 죄 지은 자들을
불길로부터 구해주는 성인들이 계십니다,
교회와 장례 미사에 대한 헌금은
높은 효용 가치가 있답니다.

최후의 날에 그리스도가 강림하여
지옥의 문을 부숴버리지요.
비록 그가 엄격한 심판을 한다고 해도
많은 녀석들이 빠져나올 겁니다.

그러나 감금에서 풀려나는 것이
전혀 불가능한 지옥이 있답니다.
여기서는 기도도 소용없지요, 여기서는
구세주의 용서도 힘을 못 씁니다.

단테의 지옥을 아십니까,
그 끔찍한 삼중창의 지옥을?*
그 시인이 거기에다 감금해놓은 자,
어떤 신도 그자를 구원해낼 수 없습니다.

어떤 신도, 어떤 구세주도, 그 노래하는 불길로부터
그자를 구해낼 수 없습니다!
조심하십시오, 우리가 당신을
그런 지옥으로 처박을 심판을 하지 않도록.

*〈지옥〉은 단테의《신곡》제1장의 제목이다.

# 아타 트롤, 한 여름밤의 꿈

## 작가 서문

《아타 트롤. 한 여름밤의 꿈》은 1841년 늦가을에 세상에 나왔으며,* 내 친구 하인리히 라우베가 다시금 편집을 맡게 된 잡지 《우아한 세계》에 단편적으로 실렸었다. 작품의 내용과 구성은 이 잡지의 온건한 필요에 맞춰져야 했다. 그래서 나는 우선은 발표될 수 있는 장(章)만 썼으며, 그것들마저도 많은 수정을 거쳐야 했다. 나는 훗날 완성된 작품 전체를 출판하려고 생각했으나, 이 의도는 그저 기특한 계획으로만 남게 되었다. 《아타 트롤》은, 쾰른 대성당**이나 셸링의 신(神),*** 프로이센의

---

*하이네의 말과는 달리 《아타 트롤》은 1841년이 아니라 1842년에 비로소 주요 부분이 집필되었다.
**쾰른 대성당은 1248년에 건축을 시작하여 1560년 재정적인 이유로 중단되었다가 1842년에 재개되었으며 1880년에서야 완성되었다. 하이네는 쾰른 대성당을 복고주의적 사상의 근원지로 단정하고 건축 작업의 재개를 신랄하게 비판했다.
***하이네는 여러 차례 낭만주의 철학자 셸링의 신에 대한 개념 정의가 오락가락하고 있다고 비판적으로 언급했다.

헌법\* 등 독일인의 모든 위대한 작품들과 같은 길을 걸었다, 즉 완성되지 않은 것이다. 이러한 미완의 형태로, 대충 손질하고 외양만 가다듬은 채로, 나는 오늘 이 작품을 독자에게 넘기려 한다. 분명히 나의 내면으로부터 분출된 것이 아닌, 어떤 열망에 복종해서 말이다.

앞에서 말했듯이 《아타 트롤》은 1841년 늦가을에 태어났다. 말하자면 각양각색의 적들이 한통속이 되어 나에게 대항한 반란의 소음이\*\* 아직 완전히 가시지 않은 시기에 나온 것이다. 그것은 아주 큰 반란이었는바, 나는 독일이 당시 내 머리를 향해 날아 온 그 수많은 썩은 사과를 다 산출해내리라고는 결코 생각도 하지 못했다! 우리의 조국은 축복받은 땅이다. 여기에는 물론 레몬이나 황금색 오렌지는 자라지 못한다. 월계수도 그저 힘들게 앉은뱅이 모양으로 이 독일 땅을 기어 다닐 뿐이다. 그러나 이 땅에, 썩은 사과는 아주 풍요롭게 번창한다. 우리의 위대한 시인들은 모두 이 사실에 대해 할 말이 있을 것이다.\*\*\* 그러나 내게서 왕관과 머리를 빼앗으려 했던 그 반란에서 나는 어느 것도 잃지 않았다. 나를 적대하도록 천민들을 부추기던 그 허무맹랑한 비난들은 그 후, 내가 품위를 떨어뜨리

---

\*프러시아의 프리드리히 빌헬름 3세는 1813년 성문 헌법의 제정을 약속했으나, 이 약속을 지키지 않았다.
\*\*하이네는 급진적 공화주의자인 루드비히 뵈르네(Ludwig Börne) 사후, 그에 대한 비판적인 회고록《루드비히 뵈르네, 한 편의 회고록》을 발표했는데, 이 회고록은 죽은 사람의 명예를 훼손했다는 이유로 진보진영과 보수진영 모두에게 격렬한 비난을 야기했다.
\*\*\*하이네는 무엇보다도 괴테와 자신에 대한 비판을 의식하고 있는 것으로 보인다.

며 반박할 필요도 없이, 비참하게 사라져버렸다. 시간이 내 정당함을 회복시켜주었고, 내가 고마운 마음으로 인정하거니와, 존경스러운 독일의 정부들\*도 이 일과 관련해서는 나를 위해 공헌했다. 독일의 국경에서부터 역마다 애타게 시인의 귀환을 기다리는 체포 명령\*\*은 당연히 해마다 갱신되었다, 그것도 크리스마스트리에 정다운 작은 등불들이 반짝반짝 빛나는 성스러운 성탄절 때에 말이다. 여정이 그렇게 불안하기에 독일 지역으로의 여행은 내겐 아주 내키지 않는 일이 되었고, 그래서 나는 성탄절을 이 이국땅에서 보내곤 한다. 아마도 망명지의 이 이국땅에서 나는 내 삶도 마감하게 될 것이다. 그런데 나를 사상의 변덕쟁이니 노예근성을 가진 자니 하고 비난하던 빛과 진리의 용감한 전사들은 그사이 조국 땅을 아주 안전하게 배회하고 있지 않은가. 높으신 관리로서, 또는 어느 조합의 어르신으로서, 아니면 어느 클럽의 단골손님으로서 말이다. 이자들은 이런 클럽에서 저녁마다 아버지 라인 강이 준 포도주와 바다로 둘러싸인 슐레스비히-홀스타인에서 온 굴로 애국적으로 기분을 내고 있다.

나는 위에서 특별한 의도를 가지고 《아타 트롤》이 어떤 시기에 태어났는지를 암시했다. 그 당시에는 이른바 정치시가 번창

---

\*하이네 생전에 독일은 아직 통일되지 못했고 수많은 영주국들로 분열되어 있었다. "정부들"이라는 복수는 이 사실을 지칭한다.
\*\*1844년 4월 16일에 프로이센의 내무성은 파리에서 활동하는 독일의 비판적 작가들에 대한 체포 명령을 내렸고, 이 명령은 해마다 갱신되었다. 하이네의 이름도 체포대상자의 명단에 들어 있었다.

하고 있었다. 독일의 반정부주의자들은, 루게*의 말마따나, 육신을 팔아치우고 시(詩)가 된 것이다. 시의 여신은 더 이상 게으르고 경박하게 빈둥거리지 말고 조국을 위해 봉사하라는 엄격한 명령을 받았다. 자유의 종군 매춘부, 또는 기독교적이고 게르만적인 민족성의 세탁부로서 말이다. 독일 시인들의 숲으로부터는 아주 기이하게도 그 막연하고 비생산적인 열정, 죽음을 무릅쓰고 보편성의 바다로 뛰어드는** 그 쓸모없는 열광의 안개가 피어올랐다. 그러한 열광은 나에게 늘, 잭슨 장군***에 너무나도 열광한 나머지 한번은 "나는 잭슨 장군을 위해 목숨을 바치노라!"라고 외치면서 돛대 꼭대기로부터 바다로 뛰어내린 한 미국 수병의 이야기를 떠오르게 한다. 그렇다, 우리 독일인들은 아직 함대는 가지지 못했지만**** 잭슨 장군을 위해, 물론 시와 산문에서이지만, 목숨을 바친 수많은 열광적인 수병들을 이미 보유하고 있는 것이다. 그 당시엔 재능이란 것이 아주 의심스러운 능력이었다. 그도 그럴 것이 재능은 '성격 없음'이라는 혐의를 받았기 때문이다.***** 질투심으로 가득 찬 무능력은 마침내, 천년 동안 고심한 끝에, 천재의 오만함에 대항

---

*아르놀트 루게(Arnold Ruge, 1802~1880): 헤겔 좌파에 속한 저술가.《할레 연감》의 발행인으로, 독일의 복고주의 세력과 낡은 체제에 대해 비판적인 글을 많이 썼다. 하이네와 마찬가지로 파리에서 망명생활을 했다.
**하이네는 〈경향〉이라는 시에서도 당시 정치적 시인들의 내용 없는 추상적인 요구를 풍자한 바 있다: "그러나 그대의 시가/ 가능한 한 보편적이게 할지어다."
***앤드루 잭슨(Andrew Jackson, 1767~1845): 미국 전 대통령(1829~1837 재임). 하이네가 말한 일화의 사실 여부는 확인되지 않았다.
****당시 독일의 민족주의자들은 독일도 영국이나 프랑스의 해군에 필적할 만한 함대를 가져야 한다는 주장을 내세우고 있었다.

할 위대한 무기를 갖게 되었다. 즉 '재능과 성격'이라는 대립명제를 찾아낸 것이다. 대중에게는 다음과 같은 주장을 듣는 것은 인간적으로는 거의 기분 좋은 일일 것이다. '물론 착한 사람들이야 일반적으로 아주 형편없는 음악가이지, 반면에 훌륭한 음악가는 통상적으로 결코 착한 사람들이 아니다. 그리고 이 세상에서는 음악이 아니라 착한 것이 가장 중요한 일이다'라는 주장을 말이다. 텅 빈 대가리들은 이제 당당하게 그들의 가득 찬 가슴을 자랑하고 나섰다. 그들의 으뜸 패는 물론 의식이라는 것이었다. 내가 기억하기로, 당시의 한 작가는 그가 글을 잘 쓰지 못하는 것을 특별한 공적이라고 여겼다. 그의 졸렬한 문체에 대한 상으로 그자는 은으로 된 명예의 컵도 받았다.******

영원한 신들에게 맹세코! 당시에는, 특히 시에서는 결코 양도할 수 없는 정신의 권리를 대변하는 것이 중요했다. 바로 이 대변이 내 일생의 위대한 과업이기에, 나는 이 작품에서 조금치도 이 과업으로부터 눈을 떼지 않았고, 그래서 작품의 소재나 음조 모두 근시안적 민중운동가들의 인민재판에 대한 항의

*****1840년대에 많은 하이네 비판가들은 하이네를 "재능"은 있으나 "성격"이 결여된 작가라고 단정했다. 여기서 "성격"은 물론 일관된 사상적 신념을 의미한다. 이에 대해 하이네는 "성격"은 한 번 가진 생각에 맹목적으로 집착하는 노예적 자세라고 응수했다.
******독일의 법률가이자 저술가인 니콜라우스 베커(Nicolaus Becker, 1809~1845)는 바이에른의 왕 루드비히 1세로부터 시 〈라인 강의 노래〉에 대해 명예의 은컵을 받았다. 당시 라인 강은 서로 소유를 주장하는 독일과 프랑스 간의 첨예한 국경 문제이었는바, 독일의 민족주의자들은 이 문제를 이용하여 프랑스와, 프랑스로 대변되는 계몽적-민주주의적 사조를 배척하는 대중운동을 선동하려고 했다. 베커의 〈라인 강의 노래〉 역시 민족주의적 성향이 강했다.

였다. 그리고 실제로, 발표된 《아타 트롤》의 처음 몇 부분들은 나의 '성격영웅들'의 쓸개를 뒤흔들어놓았다. 내가 문학적으로뿐 아니라 사회적으로도 반동이라고, 심지어는 더없이 성스러운 휴머니즘의 이념을 조롱했노라고 죄를 뒤집어씌운 나의 로마인들의* 쓸개를 말이다. 내 시의 미학적 가치에 대해서 말하자면, 나는 이 가치를 기꺼이 포기했었고, 그것은 지금도 마찬가지이다. 난 이 시를 그저 내 자신의 즐거움과 기쁨을 위해, 낭만주의자들의 변덕스러운 꿈의 방식에 따라 썼을 뿐이다. 내가 가장 즐겁던 청춘 시절을 보냈고, 또 이전에 그 우두머리를 두들겨 팼던** 그 낭만파의 방식에 따라서 말이다. 이러한 관점에서라면 나의 시는 비난받을 수도 있을 것이다. 그러나 브루투스여, 그대는 거짓을 말하고 있소. 카시우스여, 그대는 거짓말을 하고 있소. 아시니우스여, 그대 역시 거짓말을 하고 있소.*** 그대들이 내 조소가 인류의 소중한 업적인 그 이념들을, 그것을 위해 내가 그처럼 많이 싸웠고 또 고통을 겪은 그 이념들을 향한 것이라고 주장한다면 말이오. 아니다, 그 이념들이 더없이 장려한 명료함과 위대함 속에 항시 시인의 눈앞에 떠돌고 있기에, 그것들이 이 시대의 한심한 인간들에 의해 얼마나

---

*"로마인들"은 로마 시대의 "호민관"을 의미한다. 고대 로마의 호민관들은 귀족들과 상원의 횡포에 맞서 평민들의 권리를 보호해주는 직책을 가졌는바, 하이네는 당시의 급진적인 민중운동가들을 풍자적으로 "호민관"이라 불렀다.
**하이네는 1835년에 낭만주의 문학에 대한 신랄한 비판서인 《낭만주의 학파》를 발표했다.
***율리우스 카이사르가 공화정을 파기하고 황제가 되려고 하자 그를 암살한 로마의 공화파 상원의원 세 사람을 부르고 있다.

거칠고 졸렬하고 아둔하게 받아들여지는지를 보면, 더욱더 참을 수 없는 웃고 싶은 욕구가 시인을 사로잡으며, 그래서 그는 곧바로 그 시대적 꼴불견을 희롱하게 된 것이다. 표면이 울퉁불퉁하게 연마된 거울이 있다. 이런 거울에는 아폴론조차도 우스꽝스러운 모습으로 비칠 수밖에 없고, 그래서 우리로 하여금 깔깔대도록 자극한다. 그러나 이 경우 우리는 아폴론 신이 아니라 그의 일그러진 모습을 보고 웃는 것이다.

한 마디 더. 《아타 트롤》에서 여러 번 제멋대로 킥킥대며 나타나고, 그래서 이 작품의 희극적 기조를 이루기도 하는 프라일리그라트의 시에 대한 패러디가 결코 이 시인을 폄하하기 위한 것이 아니라는 사실을 거듭 말할 필요가 있을까? 나는 이 시인을, 요즘 들어서는 더더욱 높이 평가하며, 그를 7월 혁명 이후 독일에 등장한 가장 중요한 시인들 중 한 사람으로 생각한다. 그의 첫 번째 시집을 나는 매우 늦게, 말하자면 《아타 트롤》이 탄생될 무렵에야 보게 되었는데, 특히 〈흑인 추장〉이 내게 무척 우스꽝스럽게 보인 것은 아마도 당시의 내 기분 때문이었을 것이다. 하여간에 이 시는 가장 성공적인 시로 칭송되고 있다. 이 시를 알지 못하는 독자들 — 그런 독자들은 아마 중국과 일본에, 심지어는 수단과 세네갈에도 있을 터인데 — 이런 독자들을 위해서 설명하거니와, 이 시의 처음에 마치 월식(月蝕)처럼 하얀 천막으로부터 나오는 흑인 추장에게는 연인도 있었다. 검은 얼굴 위로 하얀 타조의 깃이 흔들거리는 연인이. 그러나 그는 싸우기 위해 결연히 이 연인을 떠났고, 해골을 매단 북들이 요란하게 울리는 흑인들의 전투에 뛰어들었다. 아! 그러나 그 전투에서 그는 검은 워털루를 보아야만 했고, 승리자들은 그를 백인들에게 팔아버렸다.* 백인들은 이 고귀한 아프리카인을 유럽으로 끌고 왔고, 여기서 우리는 유랑하는 곡마단에서 일하는 그를 다시금 보게 되었다. 곡마단은 그에게 기마술 공연 때 터키 북을 치는 일을 맡겼고, 이제 그는, 음울하고 진지하게,** 곡마단 경주로의 입구에 서서 북을 치고 있는 것이다. 그러나 북을 치는 동안에 그는 자신의 옛 존엄을 생각한다. 그는 생각한다, 자신이 한때는 저 멀고먼 수단의 절대 군주였음을, 그리고 사자와 호랑이를 사냥했었음을…….

그의 두 눈은 젖어들었다; 둔중한 소리를 울리며
그는 북을 내려쳤고, 그래서 가죽이 펑하고 터져버렸다.

1846년 12월 파리에서

---

*〈흑인 추장〉은 독일 '3월전기문학(Vormarzliteratur)'의 대표적 시인인 프라일리그라트(F. Freiligrath, 1810~1876)의 첫 번째 시집에 실린 시로, 그의 시 중 가장 잘 알려진 작품이기도 하다. 그러나 하이네는 프라일리그라트가 "해골을 매단 북"을 가진 "절대 군주"를 탄압된 인권의 상징적 인물로 만든 것을 받아들일 수 없었다. 인권을 박탈당한 흑인 추장이란 그의 상징에 대한 하이네의 조롱조 패러디는 작품의 주인공 아타 트롤에 대한 풍자로 이어진다.
**음울함과 진지함은 하이네에 있어서는 모든 투쟁적 정치시의 본성이었으며, 동시에 예술이 가진 경쾌함과 밝음의 상극이기도 하다.

희미하게 빛나는 하얀 천막으로부터
무장을 갖춘 흑인 추장이 걸어 나온다.
희미하게 빛나는 구름의 문으로부터
달이, 음울한, 어두워진 달이 떠오르듯이.
　　-페르디난트 프라일리그라트의 〈흑인 추장〉

# 1장

반항하듯 솟아오른 주변의
어두운 산들로 빙 둘러싸여,
그리고 거친 폭포들의 자장가를
들으며, 마치 꿈속의 정경처럼,

골짜기 안에 우아한 코트레*가
들어서 있다. 발코니가 달린
하얀 집들; 아름다운 여인들이
발코니에 서서 배를 잡고 웃고 있다.

배를 잡고 웃으면서 그녀들은

*피레네 산맥 안의 온천 휴양지.

온갖 사람들로 북적이는 광장을 내려다본다,
백파이프의 음향에 맞추어
수곰과 암곰이 춤을 추는 광장을.

아타 트롤과
검은 뭄마라 불리는 그의 아내가
무용수들인데, 경탄한 나머지
바스크 사람들이 환호성을 지른다.

뻣뻣하고 진지하게, 위엄을 잃지 않고
고귀한 아타 트롤은 춤춘다,
그러나 털이 텁수룩한 암컷에게는
위엄이란 없다, 품위란 찾아볼 수 없다.

그래, 내 생각으로는 확실히,
암곰은 가끔 캉캉 춤*을 춘다,
천박하고 뻔뻔스럽게 엉덩이를 흔드는 품이
그랑-쇼미에르**를 연상시킨다.

암곰을 사슬에 매어 이끄는

---

*캉캉 춤은 19세기 말까지도 외설적인 춤으로 생각되었고, 바로 그런 이유로 파리 유흥가의 가장 매력적인 공연이었다.
**파리 몽파르나스 가에 있던 유명한 오락 주점으로 하이네도 즐겨 찾았다.

예절바른 곰 조련사는
암곰 춤의 부도덕성을
알아차렸나 보다.

그래서인지 그는 몇 차례
채찍으로 후려 갈겼고,
그러면 검은 몸마는 울부짖는다,
산들이 쩌렁쩌렁 울리도록.

이 곰 조련사는 뾰족한 모자에
여섯 개의 성모 상을 꽂고 다닌다,
적의 총탄이나 아니면 이로부터
그의 머리를 보호해줄 성모 상을.

어깨 너머로 그는 알록달록한
제단 용 덮개를 걸치고 있는데,
이 덮개는 외투 노릇을 하고 있다.
그 아래에는 권총과 칼이 엿보인다.

젊은 시절에는 승려였고,
후에는 도적 떼의 우두머리가 되었다.
이 둘을 합쳐서 마침내 그는
돈 카를로스* 밑에서 복무했다.

돈 카를로스가 술친구 심복들과 함께
달아나야만 했을 때,
그리고 대부분의 부하들이
정직하게 일해서 먹고사는 직업을 택했을 때

(슈나판스키** 씨는 작가가 되었다)
그때 우리 신앙의 수호자께서는
곰 조련사가 되었고, 아타 트롤 그리고
뭄마와 함께 온 나라를 돌아다녔다.

그는 시장의 광장 사람들 앞에서
이 곰들을 춤추게 했다.
그래서 코트레의 시장 통에서 아타 트롤은
사슬에 묶여 춤추고 있는 것이다!

한때는 자유로운 저 높은 산 속에서
야생의 고귀한 영주처럼
살았던 아타 트롤, 그가 이제는 골짜기 안.

---

*돈 카를로스(Don Carlos): 에스파냐의 카를로스 4세의 차남. 형인 페르디난트 7세가 죽고 왕권이 페르디난트의 딸인 이사벨라 2세에게로 넘어가자 돈 카를로스는 자신이 정통 후계자임을 내세워 반란을 일으켰으나 전쟁에서 패한 후 프랑스로 망명했다.

**슈나판스키(Schnapphanski)라는 이름 중 Schnapphan은 '노상강도'를 일컫는 옛 독일어이다. 하이네가 이 이름으로 조롱하려 한 당대의 작가가 누구인지는 확인되지 않았다.

천한 인간들 앞에서 춤을 추고 있다!

더욱이 천한 돈을 위해
그는 춤추어야만 하는 것이다, 한때는
두려움의 제왕이라 할 존엄성을 지닌 채, 자신을
속진을 벗어난 숭고한 존재로 생각했던 그가!

그의 젊은 날을 생각하면,
잃어버린 숲의 지배를 생각하면,
아타 트롤의 영혼으로부터는
음울한 외침이 으르렁거리며 울려나온다.

프라일리그라트의 검은 흑인 추장처럼
그는 음울하게 앞을 바라본다,
이 흑인 추장이 서투르게 북을 치는 것처럼,
그 또한 서투르게 춤을 춘다, 원한에 차서.

그러나 동정심 대신에 그는
그저 웃음을 불러올 뿐이다. 줄리에트* 조차도
발코니에서 내려다보며 웃고 있다,
저리 절망스러운 도약(跳躍)이라니.

*친구들은 하이네와 그의 부인 마틸드를 로미오와 줄리에트라고 부르곤 했다.

줄리에트의 가슴 속에는
감정이라곤 없다, 프랑스 여자이기에
그저 외향적으로 산다; 그러나 그녀의 외모는
매혹적이다, 사람을 황홀하게 만든다.

그녀의 시선은 달콤한 빛의 그물이다,
이 그물코에 걸리면 우리의 가슴은
그물에 잡힌 어린 물고기처럼,
애처로이 팔딱 거릴 뿐이다.

## 2장

프아일리그라트의 검은 흑인 추장이
커다란 북의 가죽을, 그리움에 가득 차,
힘껏 후려쳐서 가죽이 펑 소리와 함께
조각 조각으로 찢어졌다면:

이는 진실로 감동적인 북 치기이며
또한 고막을 멍멍하게 하는 일일 것이다.
그러나 생각해보시오, 쇠사슬을 끊어버린
한 마리 곰을!

음악과 웃음소리들은,
그쳤고, 공포에 찬 비명과 함께 사람들은
시장 광장으로부터 황급히 뛰어나온다,

여인네들 얼굴은 창백하게 질려 있다.

그렇다, 아타 트롤이 돌연이
그의 노예 사슬을 끊고 풀려 나왔다.
좁은 골목길을 그는
거칠게 뛰어 달린다.

(모두가 겁에 질려 그에게 공손히 길을 비켜준다)
바위산에 오르자 그는
아래를 내려다본다, 마치 조롱하듯이.
그리고 산 속으로 사라진다.

텅 빈 시장 광장에는
그저 검은 뭄마와 곰 조련사만 남아 있다.
조련사는 미친 듯이 그의 모자를
땅바닥에 내팽개친다.

모자 위에 발을 구르고,
성모 상들을 그의 발로 짓밟는다!
흉측한 몸통으로부터 제단 덮개를 끌어내 던지고
비통에 차서 그 배은망덕을 저주한다,

검은 곰의 배은망덕을!

그도 그럴 것이 그는 아타 트롤을
항시 친구처럼 대우했고,
춤까지 가르쳐주었다.

아타 트롤은 모든 것을 그에게 감사해야 한다,
심지어는 생명까지도! 사람들이 아타 트롤의
가죽 값으로 1백 탈러나 내놓겠다고 했는데도
그가 거부하지 않았던가!

말없는 비탄의 표상인양,
애원하듯, 격분한 조련사 앞에
뒷다리로 서 있는
불쌍한 검은 뭄마에게

마침내 격분한 조련사의 분노가
두 배로 무겁게 떨어졌다. 후려갈기며
그는 뭄마를 크리스티나 여왕이라고 부른다,
무노즈와 푸타나 부인이라고도 부른다.*

이 모든 것이 어느 아름다운,
따뜻한 여름날 오후에 생긴 일이다.

*마리아 크리스티나(Maria Christina) 여왕은 돈 카를로스의 정적인 이사벨라 2세의 어머니이다. 무노즈와 푸타나 부인은 크리스티나 여왕을 욕하는 이름이다.

그리고 기분 좋게 이어진 그날 밤은
정말로 멋진 밤이었다.

그날 밤의 거의 절반을 나는
발코니 위에서 보냈다.
내 곁에는 줄리에트가 서서
별들을 바라보았다.

한숨을 내쉬며 줄리에트는 말했다:
아 별들은 파리에서 볼 때 가장 아름다워,
그곳 파리에서 별들이, 겨울밤에,
거리의 진흙탕에 비칠 때에.

# 3장

여름밤의 꿈! 내 노래는
환상적이고 목적이 없다. 그래, 사랑처럼,
삶처럼, 창조주와 모든 피조물처럼,
목적이 없다!

그저 제 흥에 겨워서,
달리거나 날면서,
내 사랑하는 페가수스*는
우화의 나라에서 뛰논다.

부르주아의 쓸모 있고 도덕적인

*페가수스는 그리스 신화에 나오는 날개 달린 말로, 보통 예술적 흥취를 나타낸다.

짐수레 끄는 말도 아니고,
당파심에 겨워 열정적으로
발을 구르고 힝힝대는 전투마도 아니다.

하얀 날개 달린 내 작은 말의
발굽에는 황금 편자가 박혀 있고,
고삐는 진주 사슬이다.
난 말을 제멋대로 달리게 놓아둔다.

네가 가고 싶은 곳으로 날 데려가렴!
저 높고 가파른 산길을 넘어가자,
폭포가 두려움에 차 요란한 소리를 내며
난센스의 심연을 경고하는 저 산길을 넘어!

날 태우고 저 은밀한 골짜기를 지나쳐 가렴,
참나무들이 진중하게 솟아 있고,
뿌리의 마디로부터는 졸졸거리며
그 옛날 달콤한 설화가 샘솟는 저 골짜기를!

그곳에서 내가 목을 축이고 눈을
씻게 해다오 — 아, 난 저 빛나는
기적의 물을 갈망한다,
나를 볼 수 있고 알 수 있게 해주는 저 물을.

눈멀음은 모두 사라진다! 내 시선은
저 깊숙한 바위 협곡까지 뚫고 들어간다,
아타 트롤의 동굴 속까지……
난 그의 말도 알아들을 수 있다!

기이하기도 하다! 이 곰의 말이
이미 잘 알고 있던 말처럼 생각되다니!
일찍이 내 소중한 고향에서
이 소리를 듣지 않았던가!

# 4장

롱스보,* 너 고귀한 계곡이여!
네 이름을 들으면,
내 마음 설레고, 가슴속에는
사라진 푸른 꽃**이 향기를 내뿜는다!

천여 년 동안 가라앉아 있던
꿈의 세계가 번쩍이며 솟아오른다,
커다란 정령의 눈이 날 바라본다,

*서기 778년에 롤랑이 지휘한 샤를마뉴 대제(카를 대제) 군의 후위 부대가 바스크 부족의 습격을 받고 전멸한 피레네 산맥의 계곡을 가리킨다. 이 역사적 사실은 반역자 가늘롱(가넬론)의 협력을 받은 사라센군의 습격으로 롤랑이 용감한 전투 끝에 장렬한 전사를 했다는 설화로 변질되었고, 하이네는 설화에 따라 이야기를 진척시키고 있다.
**독일 낭만주의 시인 노발리스의 소설 《푸른 꽃》에 나오는 꽃. '푸른 꽃'은 이후 영원한 동경의 상징이자 낭만주의의 상징이 되었다.

내가 깜짝 놀라게!

쨍그랑거리는 소리, 울부짖는 소리!
사라센군과 프랑켄의 기사들이 싸우고 있다.
절망적으로, 피를 토하듯
롤랑의 뿔피리 소리 울린다!

롱스보의 계곡,
롤랑의 칼자국 터 근처에 —
이렇게 불리는 것은 영웅 롤랑이
길을 뚫기 위해,

격노하여 보검 뒤랑달로
암벽을 내려쳐서,
오늘날까지 그 자국이
뚜렷하게 보이는 까닭이다 —

그곳, 거친 전나무 숲에 둘러싸여
깊숙이 숨어 있는
어두운 바위 협곡 안에
아타 트롤의 굴이 있다.

그곳, 가족의 품 안에서,

그는 도망치느라 겪은 고생과
세계 여행과 사람들 구경으로
쌓인 피로를 달래고 있다.

달콤한 재회! 어린 자식들을 그는
소중한 동굴에서 다시 찾았다,
그가 뭄마와 함께 이들을 낳았던 그 동굴에서.
아들 넷, 딸 둘.

깨끗이 씻은 곰 처녀들,
털은 금발이다, 목사의 딸인 양.
사내 녀석들은 갈색이다, 그러나
귀가 하나인 막내만은 검은색이다.

막내는 제 어미의 귀염둥이였다,
언젠가 그녀는 막내의 한 귀를
장난치듯 물어뜯었고,
사랑에 겨워 그 귀를 먹어 치웠다.

천재적인 청년이고,
체조에 매우 뛰어난 재능이 있다.
체조의 대가 마스만*처럼
그는 공중제비를 한다.

향토 교육의 정화로서
그는 오로지 모국어만을 사랑하고,
그리스어나 라틴어 용어들은
결단코 배우지 않는다.

씩씩하고 자유롭고 경건하고 즐겁게.**
현대적 목욕의 사치품인 비누는
그에게 증오의 대상이다,
체조의 대가 마스만에게 그런 것처럼.

이 젊은이의 재능이 가장 돋보일 때는
그가 나무를 타고 오를 때이다,
깎아지른 듯한 암벽과 나란히
저 깊숙한 골짜기로부터 솟아올라

산봉우리까지 치솟은 나무를 말이다.
밤에는 이 봉우리에, 온 가족이
아버지를 둘러싸고 모였다,
저녁의 서늘함 속에서 정답게 이야기를 나누며.

---

*한스 페르디난트 마스만(Hans Ferdinand Maßmann, 1797~1874): 체조의 대가, 게르만 민족 문화의 고유성과 순수성을 지켜야 한다고 주장한 민족주의자. 그의 편협하고 배타적인 민족주의와 거친 태도는 종종 하이네의 조롱의 표적이 되었다.
**마스만이 고안하고 체조의 아버지 얀(F. L. Jahn)이 보급시킨 표어.

그럴 때면 아버지는 기꺼이
세상을 돌며 경험한 것을 이야기해준다,
그가 한때 많은 사람들과 도시를 보았고,
또 많은 고통을 겪었다는 것을,

마치 그 고귀한 오디세우스처럼 말이다.
단지 한 가지 사실에서만 서로 달랐다,
그는 자신의 아내 검은 페넬로페*와
함께 여행을 한 것이다.

이런 밤이면 아타 트롤은 또한
우레와 같은 갈채에 대해서 말하곤 한다,
그가 한때 자신의 춤 예술을 통해
인간들에게서 받은 그 갈채에 대해.

그가 말하길, 백파이프의 달콤한
소리에 맞춰 그가 광장에서 춤을 추면
젊은이나 늙은이나 모두
환호하며 그를 찬탄했단다.

*페넬로페는 오디세우스의 아내로서 트로이 원정에 동행하지 않았다. 페넬로페가 남편의 귀환을 기다리는 이야기는 호메로스의 〈오디세이아〉에서 한 중요한 부분을 이루고 있다.

특히 여인들은,
이 섬세한 전문가들은,
열광적으로 박수갈채를 보냈고,
그에게 은근히 윙크를 던졌단다.

오, 예술가의 허영심이라니!
미소 띤 얼굴로, 이 늙은 춤추는 곰은
많은 사람들 앞에서 자신의 재능을
펼쳐 보이던 때를 생각한다.

자아도취에 빠져서, 그는
행동을 통해 보여주려고 한다,
자신이 불쌍한 허풍쟁이가 아니라는 것을,
정말로 위대한 무용가라는 것을.

갑자기 그는 자리에서 벌떡 일어나,
뒷다리로 선다.
그러고는 예전처럼 춤춘다,
그가 즐겨 추는 춤 가보트*를.

말없이, 주둥이를 헤 벌린 채
자식 곰들은 애비 곰이
달빛 속에서 기이하게
이리저리 뛰는 모습을 바라본다.

*17~18세기 경, 프랑스에서 유행했던 경쾌하고 약간 빠른 춤.

# 5장

동굴 속, 가족들 틈에서 아타 트롤은
우울한 마음으로 드러누워 있다.
생각에 잠겨 그는 앞발을 빤다,
앞발을 빨며 중얼거린다:

"뭄마, 뭄마, 삶의 바다에서 내가
건져 올린 검은 진주여, 너를
나는 다시 삶의 바다에서
잃어버렸구나!

너를 영원히 다시 볼 수 없을까,
아니면 네 영혼이 속진의 털*로부터
정화된 무덤의 저편에서나

다시 볼 수 있을까.

아아! 그 전에 다시 한 번
내 뭄마의 사랑스러운 주둥이를
핥고 싶다, 꿀을 발라놓은 듯
달콤한 그 주둥이를!

다시 한 번 냄새를 맡고 싶다,
내 소중한 검은 뭄마의
독특한 체취를, 장미의 향기처럼
사랑스러운 그 체취를!

아 그러나! 뭄마는 사슬에 묶여
고통을 겪고 있다, 인간이라는 이름을 지니고,
스스로를 창조의 주인인 양 생각하는
저 무뢰배들의 사슬에 묶여.

빌어먹을! 인간들,
이 극악한 귀족주의자들,
이자들은 뻔뻔하고 거만하게
온 동물왕국을 내려다본다,

\*"속진의 털"은 속진에서의 곰의 육체를 의미한다. "털"은 물론 털 달린 짐승인 곰에 대한 비유적 표현이다.

부녀자와 아이들을 약탈해 가고,
우리를 사슬에 묶으며, 심지어
우릴 죽이기까지 한다, 우리의 가죽과
몸뚱이를 팔아먹으려고!

이자들은 특히 곰들에 대해
이런 만행을 할
권리가 있다고 믿는다, 이자들은
그 권리를 인간의 권리라 부른다.

인간의 권리! 인간의 권리!
누가 너희에게 이 권리를 주었단 말이냐?
자연은 결코 그 짓을 하지 않았다,
자연이 그렇게 비자연적일 수 없다.

인간의 권리! 누가 너희에게
이 특권을 주었단 말이냐?
진실로 이성은 결코 그런 짓을 하지 않았다,
이성이 그렇게 비이성적일 수는 없다!

인간들아, 너희들이 음식을
끓여 먹고, 구워 먹는다고 해서
우리 다른 동물보다 더 우월하단 말이냐?

우린 우리 음식을 날로 먹는다.

그러나 마지막에 가서는 마찬가지이다.
천만에, 먹이가 고귀하게 해주지는 않는다,
고귀하게 느끼고 행동하는 자가
고귀한 것이다.

인간들아, 너희들이 성공적으로 학문을 닦고
예술을 한답시고 더 우월하단 말이냐?
우리 다른 동물들도
결코 무능하지 않다.

학식 많은 개는 없단 말이냐?
상업 고문관처럼 계산에 밝은
말은 또 어떠냐. 토끼들은
아주 멋들어지게 북을 치지 않느냐.

유체정력학(流體靜力學) 분야에서는
많은 비버들이 출중하지 않느냐.
관장(灌腸)의 발명은
황새 덕이 아니더냐.

당나귀는 비평을 쓰지 않느냐.*

원숭이가 코미디를 상연하지 않느냐.
긴 꼬리 원숭이 바타비아**보다
더 위대한 광대가 어디 있단 말이냐.

나이팅게일은 노래하지 않느냐.
프라일리그라트는 시인이 아니란 말이냐.
그의 동향인 낙타 말고서,
누가 사자를 더 잘 노래할 수 있단 말이냐.***

춤 예술에 있어서는 나 자신이
라우머****가 저술(著述)에서 이룬 만큼의
경지에 이르렀다. 곰인 내가 춤추는 것보다
그가 더 잘 쓸 수 있단 말이냐?


*독일어에서 당나귀는 우매함과 어리석음의 직접적 표현이다. 하이네는 자신의 작품에 대해 부정적 평가를 한 비평가들을 당나귀로 표현하고 있다.
**당시의 많은 사람들은 바타비아(Batavia)를 화니 엘슬러(Fanny Elßler)에 대한 풍자로 이해했다. 엘슬러는 작곡가 프란츠 리스트의 연주 여행을 동반한, 당시 유럽에서 가장 유명한 흉내 내기 배우였다. 하이네는 리스트의 가톨릭, 복고주의적 성향에 대해 부정적 인식이 강했다. 특히 리스트가 쾰른 대성당 건축 재개를 위한 모금 콘서트를 연 것을 강하게 비판했다.
***이 부분은 프라일리그라트의 〈사막의 시〉에 대한 풍자이다. "낙타"는 바보, 어리석은 자에 대한 풍자적 표현인바, 여기서는 물론 프라일리그라트에 대한 풍자적 표현이다.
****프리드리히 폰 라우머(Friedrich von Raumer, 1781~1873): 당시 유명했던 법률학자이자 역사가. 하이네는 라우머를 별 볼일 없는 혁명가이자 형편없는 저술가라고 자주 혹평했다.

인간들아, 왜 너희들이 우리 다른 동물보다
더 우월하단 말이냐? 너희들이 머리를
똑바로 치켜들고 있기는 하지, 그러나 머릿속에는
비천한 생각들이 기어 다니고 있는데, 뭐.

인간들아, 너희들의 가죽이 매끄럽고
번쩍인다 해서 우리 다른 동물보다
우월하단 말이냐? 이러한 장점을
너희들은 뱀과 공유해야만 한다.

인간들아, 두 발 달린 뱀들아,
왜 너희들이 바지를 입는지
나는 잘 안다! 다른 동물의 털로
너희들 뱀의 나체를 감추려는 것이지.

애들아! 저 털 없는 괴물들을
조심해야 한다!
내 딸들아! 바지를 입은
비동물적 짐승을 믿지 마라!"

난 더 이상 이 곰이 자신의 뻔뻔한
평등주의 망상에 빠져
인간 종족에 대해 이렇게 저렇게

따지고 드는 것에 대해 말하지 않겠다.

그도 그럴 것이 나 자신 또한 결국에는
인간이기 때문이다, 그래서 궁극적으로는
매우 모욕적일 수밖에 없는
무례한 언사를 되풀이하지 않으려 한다.

그렇다, 나는 인간이다, 그래서
다른 포유동물보다 더 우월하다.
출생에서 비롯된 이해관계를 나는
결단코 부정하지 않으리라.*

그리고 다른 짐승들과의 싸움에서
나는 항시 인류를 위해 충실히
싸우리라, 타고난 인간의
성스러운 권리를 위해서.

*이 연은 귀족들에 대한 풍자로 이해된다. '귀족'과 '평민'의 신분적 구분은 개인의 능력이나 품성이 아니라 출생에 의해 결정되기 때문이다.

## 6장

그러나 동물권의 상층 신분인
인간에게는 저 아래에서
어떤 생각들을 하고 있는지를
아는 것이 아마도 유익할 것이다.

그렇다, 저 아래 이 사회의 음울하고
비참한 영역에서는,
동물 세계의 아래 계층에서는,
궁핍과 오기와 증오가 싹트고 있다.

뻔뻔한 주둥아리들이
자연법상으로는 항시,
또한 관습법상으로도 수천 년 이래로

존속해온 것을 부정하고 있다.*

사악한 이단적 이론이
늙은이로부터 젊은이에게 설파되었다,
이 지상의 문화와
인간성을 위협하는 이론이.

"얘들아!" 아타 트롤이 으릉으릉 말한다,
그러면서 그는 양탄자도 없는 바닥에서
이리저리 몸을 뒤척거린다.
"얘들아, 미래는 우리의 것이다!

모든 곰들이 나처럼 생각한다면,
모든 동물들이 나처럼 생각한다면,
우리는 뭉쳐진 힘으로
이 독재와 싸워 이길 수 있다.

돼지는 말과 하나가 되고,
코끼리는 긴 코로
용감한 황소의 뿔을 형제처럼

*18세기 말과 19세기 초 독일에서는 귀족의 특권을 둘러싸고 격렬한 논쟁이 벌어졌는바, 귀족들은 자연에는 항시 우월한 계층이 있어 왔다는 자연법적인 원칙을 들어, 또 이 특권이 오랜 세월 동안 존속해 왔다는 관습법상의 원칙을 들어 자신의 특권을 정당화하려 했다.

휘감을 지어다.

털 색깔과 상관없이 모든 곰과 늑대들이,
염소와 원숭이가, 심지어는 토끼까지도,
한동안 함께 행동하기만 하면,
승리는 틀림없이 우리 것이 될 것이다.

단결, 단결이야말로 가장 절실한
시대적 요구이다. 고립 분산이 우리를
노예로 만들었다, 그러나 합치면
우린 압제자들을 속여 넘길 수 있다.

단결! 단결! 그러면 우리는 승리할 것이다,
그러면 저 오만한 독재 정권은
무너질 것이다! 우리는 정당한
동물나라를 세울 것이다.

신이 창조한 모든 것 간의 완전한 평등이
기본법이 되어야 한다,
신앙의 구분 없이,
털과 냄새의 구분 없이.

엄격한 평등! 모든 당나귀들이

가장 높은 관직에 오를 자격을 가져야 하며,
그에 반해 사자는 짐을 지고
물방앗간으로 서둘러 가야 한다.

개에 대해서 말하자면, 개는 물론
노예근성을 가진 개새끼이다,
수천 년 동안 사람들이 일관되게
개를 개처럼 다루었기 때문이다.

그러나 우리의 자유국가에서는
개에게도 그의 양도할 수 없는
옛 권리를 되돌려줄 것이다,
그러면 개도 곧 존엄성을 찾을 것이다.

그렇다, 심지어는 유대인들도
완전한 시민권을 향유해야 하며,
다른 모든 포유동물들과
법적으로 완전히 동등해야 한다.

다만 시장 광장에서의 춤만은
유대인에게 허용되어서는 안 된다.
이 보충안을 나는
내 예술의 이익을 위해 만드는 바이다.

그도 그럴 것이 이 유대 종족에게는
양식에 대한 감각이, 동작의
엄격한 조형성이 결여되어 있기 때문이다.
이들은 관중의 취향을 망쳐놓을 것이다."*

---

*하이네는 유대인 출신이며, 19세기까지 유럽에 남아 있는 유대인 차별을 온몸으로 체험한 작가이다. 유대인에게 대중 앞에서 춤출 권리를 주어서는 안 된다는 아타 트롤의 말은 물론 아타 트롤적 평등사상에 대한 하이네의 신랄한 풍자이다.

# 7장

아타 트롤, 이 인간의 적은 음울한 동굴 속,
아늑한 가족들 사이에 끼어서도 음울하게
웅크리고 앉아 있다. 이빨을 갈며
그는 으르렁거린다.

"인간들, 이 버릇없는 무뢰한들아!
그래, 맘껏 웃어라! 너희들의 웃음으로부터도,
너희들의 족쇄에서와 마찬가지로,
위대한 날은 마침내 우리를 해방시켜주리라!

주둥이 주변 근육의 저 시큼달콤한 실룩임은
항시 내 마음에 가장 큰 상처를 준다,
이 인간의 미소는 나를

도저히 견딜 수 없게 만든다!

허연 얼굴에서 저놈의
재수 없는 실룩임을 볼 때마다
내 배 속의 창자들이
격분하여 뒤꼬인다.

말을 통해서보다
훨씬 더 무례하게,
인간의 웃음을 통해 인간 영혼의
더할 수 없이 비천한 뻔뻔함이 드러난다.

인간들은 항시 웃는다! 심지어는
진지하게 예를 갖추어야 할
사랑의 더할 수 없이
엄숙한 순간에도!

인간들은 항시 웃는다! 춤을 출 때도
인간들은 웃는다. 그렇게 해서
이자들은 예술의 신성함을 모독한다,
숭배의 대상이어야 할 이 예술의 신성함을.

그렇다, 춤은, 옛 시대에는,

신앙의 경건한 행위였다.
승려들이 춤을 추며 원을 이루어
성스러운 제단을 빙글빙글 돌았다.

그래서 그 옛날 다윗 왕이
계약의 궤\* 앞에서 춤을 춘 것이다.
춤은 예배였다,
발로 하는 기도였다!

나 또한 춤을 그렇게 생각했다,
한때 내가 시장 광장에서
사람들 앞에서 춤을 출 때 말이다,
사람들은 내게 요란한 갈채를 보내주었다.

이 갈채는, 내 고백하거니와,
여러 번 내 마음을 기쁘게 했다.
적들로부터도 찬탄을 받는다는 것,
그건 정말 기분 좋은 일이다!

---

\*십계명이 새겨진 돌이 들어 있는 궤. '계명의 궤'가 예루살렘으로 이송되는 동안 다윗 왕은 "온 힘을 다해서" 사람들 앞에서 춤을 추었다 한다(《사무엘서》 6장 14절). 아타 트롤은 앞(6장)에서 유대인들에게는 춤을 금해야 한다고 주장했으나, 여기서는 유대의 다윗 왕을 자신의 모범으로 숭앙하고 있다. 아타 트롤에 대한 하이네의 풍자적 희롱의 표현이다.

그러나 이 열광 속에서도
인간들은 웃는다. 춤의 예술조차도
인간을 개선하는 데 무력한 것이다.
그래서 인간들은 영원히 경망스러운* 것이다."

*경망스럽다는 말은 하이네가 적대적인 비판가들로부터 가장 많이 들은 비난이었다.

# 8장

적지 않은 도덕적 시민들이
이 세상에서 흉측한 냄새를 풍긴다,*
반면에 영주의 시종들은 라벤델이나
암브라** 향수로 치장하고 있다.

초록색 비누의 냄새***를 풍기는
순결한 처녀들이 있지요,
그런데 악덕도 때로는 제 몸을
장미의 향유로 씻는다오.

*담배 냄새, 맥주 냄새 등의 좋지 않은 냄새는 하이네가 급진주의자들과 그들에 의해 선동된 군중들을 특징짓는 표현이다.
**향유고래로부터 추출한 향수 원료.
***순결한 처녀의 싱싱한 내음.

그러하니 소중한 독자여,
아타 트롤의 동굴이 그대들에게
아라비아의 향료를 연상시키지 않는다 하여
코를 찌푸리지는 마시오.

나와 같이 거닙시다, 이 동굴 공기 속을,
이 탁하고 흉측한 냄새 속을,
우리의 주인공이 마치 구름 위로부터 말씀을 내리듯이
그의 아들에게 말을 내리는 이곳을.*

"얘야, 내 아들아, 내 삶의 가장 어린
새싹아, 네 하나뿐인 귀를 네 아비의
입에 대고 내 진지한 말을
빨아들이려무나!

인간의 사유 방식을 조심해야 한다,
이는 네 영혼과 육체를 타락시킬지니.
저 모든 인간들 중에
올바른 인간은 단 한 사람도 없단다.

한때는 그나마 나았던 독일인들마저도,

*구약성서에서(예를 들면, 〈출애굽기〉 19장) 신은 흔히 구름 위로부터 말한다.

까마득한 옛날부터 우리와 사촌인
이들 투이스토\*의 아들들까지도,
마찬가지로 타락해버렸다.

이들도 지금은 믿음도 신도 모르며,
심지어는 무신론을 설교하기까지 한다.
얘야, 내 아들아, 조심해야 한다,
포이어바하\*\*와 바우어\*\*\*를!

결단코 무신론자는 되지 말아라,
창조주에 대한 경외심을 잃은 곰 같지 않은
곰은! 그렇다, 이 우주는 창조주 한 분이
창조하신 것이다!

저 높은 곳의 해와 달,
또한 별들도 — 꼬리 달린 별들은 물론
꼬리 없는 별들도 마찬가지로 —
그분 전능함의 반영이다.

---

\*독일인들의 시조(始祖)로 알려진 인물이다.
\*\*루드비히 포이어바하(Ludwig Feuerbach, 1804~1872): 헤겔 좌파에 속하는 유물론적 종교철학자.
\*\*\*브루노 바우어(Bruno Bauer, 1809~1882): 역시 헤겔 좌파에 속하는 종교역사학자이자 저술가.

이 낮은 곳의 땅과 바다는
그분 영광의 메아리이다.
그래서 모든 피조물들은
그분의 장려함을 칭송하나니.

늙은 순례자 수염 속의
아주 작은 은빛 이들까지도
삶의 순례여행에 동참하여
영원한 찬양의 노래를 부른다!

저 위 별들의 천막 안,
주님의 황금빛 왕좌에는
우주를 지배할 위엄을 갖춘
거대한 북극곰이 앉아 있다.

그의 털은 흠 하나 없이 눈처럼
새하얗고 빛이 난다. 다이아몬드 왕관이
그의 머리를 장식하고 있다,
온 하늘에 빛나는 왕관이.

얼굴에는 조화와
사유의 말없는 실행이 엿보인다.
그가 왕홀을 흔들기만 하면

우주가 울리며 노래하나니.

그의 발 아래엔 곰 성자(聖者)들이 앉아 있다,
지상의 수난을 조용히 참아낸 성자들이.
성자들의 앞발에는
그들 순교의 야자수 잎새가 들려 있다.

이따금, 성스러운 정신에 일깨워져,
곰 성자 하나가, 이어 또 다른 성자가,
벌떡 뛰어 오른다. 보아라, 이 성자들이
더없이 장엄하고 고귀한 춤을 추는구나!

은총의 빛으로 인해
재능이 쓸모없어진 고귀한 춤을.*
영혼이, 영적 충만함에 가득 차서,
살갗을 뚫고 뛰어나오려 하는구나!

---

*당시의 급진적 진보주의자들은 "하이네가 재능은 있으나 성격이 결여된 시인"이라고 비난했다. 여기서 "성격"은 진보적 이념에 대한 시종 여일한 믿음을 의미한다. 이에 대해 하이네는 이들 급진적 인사들의 작품에는 온통 이념만 있을 뿐, 예술적 아름다움은 존재하지 않는다고 비난했다. 또한 이들이 말하는 "성격"이란 것이 비판적 시각이 전적으로 결여된 이념에 대한 맹목적인 추종이자 노예적 헌신이라고 단정했다. '성격'과 '재능'의 대립적 테제는 하이네 후기 작품을 일관하는 대표적 주제이기도 하다.

나 이 보잘것없는 트롤도
언젠가 그런 복락을 누릴 수 있을까?
지상의 비천한 고통에서 벗어나
저 열락의 나라로 넘어갈 수 있을까?

내 자신도, 하늘에 취해서,
저 위 별들의 천막에서,
영광스레 야자 잎을 들고,
주님의 옥좌 앞에서 춤출 수 있을까?"

# 9장

저 시뻘건 혓바닥이,
프라일리그라트의 흑인 추장을
비웃듯이, 무섭게
검은 주둥이 밖으로 널름거리는 꼴이란!

달도 또한 그렇게 구름 낀 어두운 하늘을
벗어나온다. 저 멀리에선
영원히 잠들지 않을 폭포수가 밤을 세워
요란스럽게 쏟아져 내린다.

아타 트롤이 그가 좋아하는 바위산
둥근 봉우리 위에 서 있다, 홀로, 외롭게.
밤바람을 향해, 저 아래 심연을 향해,

그는 울부짖는다:

"그렇다, 난 곰이다, 곰이란 말이다,
너희들이 초텔베어,
브룸베어, 이제그림, 페츠\*라고,
그밖에 또 온갖 이름으로 부르는 곰이다.

그렇다, 난 곰이다, 곰이란 말이다,
난 조야하고 볼품없는 짐승이다,
너희들이 조롱하며 비웃는
아둔한 얼간이 동물이다!

난 너희들 희롱의 표적이다,
너희들이 밤에 그 이름을 들어 아이들을,
버릇없는 인간 아이들을 무섭게 하는
바로 그 괴물이다.

난 너희 옛날이야기 속에 나오는
거칠고 우스꽝스러운 캐리커처이다,

\*초텔베어(Zottelbär)는 털투성이 곰, 브룸베어(Brummbär)는 일반적으로 곰을 뜻하나 전의된 의미로서 불평꾼을 뜻하기도 한다. 하이네는 두 가지 의미를 모두 고려한 듯하다. 이제그림(Isegrim)은 동물우화에 등장하는 늑대의 이름이나 브룸베어와 마찬가지로 불평꾼의 의미도 지닌다. 페츠(Petz) 역시 동물우화에 등장하는 곰의 이름이다.

그게 나이고, 난 이 사실을 오만한
인간세상을 향해 큰 소리로 외친다.

들어라, 들어보아라, 난 곰이다,
허나 난 결코 내 근원을 부끄러워하지 않는다.
오히려 자랑스럽게 생각한다,
마치 내가 모제스 멘델스존\*의 후손인 양 말이다!"

\*모제스 멘델스존(Moses Mendelssohn, 1729~1786): 18세기의 저명한 유대인 철학자. 작곡가 멘델스존의 할아버지이다.

# 10장

두 개의 형상이, 사납고 성난 모습으로,
네 다리로, 미끄러지기도 하면서
캄캄한 전나무 숲을 뚫고
길을 간다, 한밤중에.

이들은 아버지 아타 트롤과
그의 아들 짝귀 공(公)이다.
숲이 희미하게 밝아지는 곳,
피의 바위에 그들은 멈춰 섰다.

"이 바위는" — 아타 트롤이 으르렁거리듯 말한다 —
"게르만의 옛 주술사들이 미신의 시대에
인간 제물들을 도살한

제단이란다.

오, 이 소름끼치는 만행!
이것을 생각하면 내 등의
털들이 곤두서는 구나 —
신을 공경한답시고 피를 뿌리다니!

이제는 물론 이 인간들도
계몽이 되었지, 그래서 이들은 더 이상
하늘의 이익을 위한 열정으로
서로가 서로를 죽이지는 않는다.

그래, 이젠 더 이상 종교적 광기,
열광이나 광란이 아니라,
이기심과 사리사욕이
이들을 살인과 학살로 몰아간다.

모두가 경쟁적으로
이 세상의 재화를 움켜잡으려고 한다,
그것은 영원한 싸움이지,
모두가 자신을 위해 훔치려 하니!

그렇다, 전체의 유산이

개인의 약탈물이 된다.
그러고는 이 개인은 소유의 권리니,
사유 재산이니 하고 떠들어댄다!

사유 재산이라니! 소유의 권리라니!
오, 이 도적질! 오, 이 거짓말!
오로지 인간만이 이 같은
간계와 난센스의 혼합물을 만들어낼 수 있었다.

자연은 그 어떤 사유재산가도
만들어내지 않았다, 우리는, 우리 모두는
주머니 없이, 털가죽에 달린 주머니 없이
이 세상에 태어났기 때문이다.

우리 모두 중 그 누구도
도적질한 물건을 감추려고,
바깥 털가죽에 그런 자루들을
달고 태어나지 않았다.

오로지 인간만이, 다른 동물의 털로
인공적으로 옷을 해 입는 이 털 없는 족속만이,
또한 인공적으로 주머니를
만들어 달 줄 알았다.

주머니라니! 비자연적이로다 이것은,
사유재산과 마찬가지로,
소유의 권리와 마찬가지로 —
인간이란 주머니 달린 도둑들*이다!

나는 이들을 열렬히 증오하노라! 이들을
파멸시키려 하노라, 내 아들아, 이 증오를,
인간들에 대한 영원한 증오를 너는
여기 이 제단에서 맹세해야 한다!

이 사악한 압제자들의
불구대천의 원수가 되어라,
네가 죽는 날까지 결코 화해하지 말고,
맹세하라, 맹세하라, 내 아들아, 여기에서!"

그래서 이 젊은이는 맹세했다, 그 옛날
한니발이 그랬듯이.** 달이 이 피의 바위를,
그리고 이 두 인간 증오자들을
음산한 누런빛으로 비추었다.

---

*독일어의 Taschendieb는 '소매치기'란 뜻을 지니고 있다. 그러나 여기에서는 글자 그대로 '주머니(Tasche) 달린 도둑(Dieb)'이라는 합성어로 사용된 것으로 판단된다.
**한니발(Hannibal, B.C.247~?B.C.183): 고대 카르타고 장군. 그의 로마 침공으로 제2차 포에니 전쟁이 발발했다. 한니발은 아홉 살 때 아버지의 명에 따라 로마인들에게 영원한 적개심을 맹세했다고 한다.

어떻게 이 젊은 곰이 그 맹세를
충실히 지켰는가는 후일
보고하려 한다. 우리의 칠현금이
다음의 서사시로 그를 노래할 것이다.

아타 트롤에 대해 말하자면,
우리는 그의 곁을 이제 떠나려 한다,
그러나 후일 그를 만나기 위해,
더욱 더 확실하게 총알로 그를 맞히기 위해.*

존엄한 인류에 대한
반역자여, 너에 대한 사전 심리는
이제 완결되었다! 내일은
너를 향한 체포령이 내려질 것이다.

*하이네가 사용한 treffen이란 동사는 '만나다'의 뜻 외에도 '(총이나 활을) 쏘아 맞히다'의 의미를 가지고 있다. 여기에서 하이네는 두 의미를 동시에 사용하고 있는데, "만나다"는 '떠나다'와, "쏘아 맞히다"는 '총알'과 연계되어 있다.

## 11장

산들은, 잠에 취한 인도 사원의 무희들처럼,
졸린 눈으로 바라본다. 아침 바람결에 움직이는
하얀 안개 셔츠를 입고
추운 듯 웅크리고 서 있다.

그러나 곧 태양의 신이 이 산들을
다시 활기차게 만들 것이다. 태양은
산으로부터 마지막 안개의 껍질을 벗겨버리곤
그 가리지 않은 아름다움을 비출 것이다!

아침 일찍 나는
라스카로와 함께 곰 사냥을
나섰다. 정오에 우리는

퐁 데스파뉴*에 도착했다.


퐁 데스파뉴는 프랑스에서 스페인으로,
천년이나 뒤처진
서쪽 야만인의 나라로,
넘어가는 다리의 이름이다.


이들은 현대의 세계문화로부터
천년은 뒤처져 있다.
내 동포인 동쪽 야만인들은
그저 한 세기 뒤처져 있을 따름이다.


주저주저하며, 거의 의기소침하여 나는
성스러운 프랑스 땅을 떠났다,
이 자유의 조국을, 그리고 내가 사랑하는
여인들의 조국을.


퐁 데스파뉴 한중간에
불쌍한 스페인 사람 하나 앉아 있었다.
외투에 뚫린 구멍들로부터, 그리고
두 눈으로부터 비참함이 내비쳤다.


*프랑스와 스페인의 국경을 이루는 마르카다우 계곡 위의 다리로, '스페인 다리'라
는 뜻이다.

그는 메마른 손가락으로
낡은 만돌린 줄을 쥐어뜯었다.
골짜기에 메아리 되어 울리는
찢어지는 듯한 불협화음.

이따금씩 그는 몸을 숙여
골짜기 바닥을 내려다보며 웃었다.
그런 후에는 더욱더 미친 듯이 악기를 뜯었고,
그러면서 다음과 같은 가사의 노래를 불렀다.

"내 가슴속 한가운데에
조그마한 황금 책상이 놓여 있다네,
이 작은 책상을 둘러싸고
네 개의 작은 의자들이 놓여 있다네.

작은 황금 의자들 위에는
작은 귀부인들이 앉아 있네, 쪽진 머리에
황금 비녀를 꽂고서. 그들은 카드놀이를 한다네,
그런데 오직 클라라만 이긴다네.

그녀는 이기고 나서 짓궂게 웃는다네.
오! 클라라여, 내 가슴속에서는,
항시 네가 이긴단다, 으뜸패란 으뜸패는

네가 다 가지고 있으니까."

계속해서 걸어가며, 나는 중얼거렸다:
이상도 하다, 광기가
프랑스에서 스페인으로 넘어가는
다리 위에 앉아 노래를 부르다니.

저 미친 작자는 두 나라의
이념 교차의 표상인가?
아니면 미쳐버린
스페인 민족의 표지인가?

저녁 무렵에야 비로소 우리는
초라한 여관에 도착했다,
더러운 대접 안의 스페인식 고깃국에서
김이 오르는 여관에.

그곳에서 나는 스페인 완두콩도 먹었는데,
크고 무거운 것이 마치 소총의 총알 같았다.
감자경단을 먹고 자란 독일인조차도
소화해내기 어려웠다.

부엌의 한구석이 침대였는데,

후추를 뿌린 것처럼 벌레가 들끓었다.
아! 빈대란 놈들은
인간의 가장 흉악한 적이다.

수천 마리의 성난 코끼리보다도
네 침상에 기어 다니는
단 한 마리 작은 빈대의 적개심이
더 고약한 것이다.

꼼짝 못하고 물어 뜯겨야 하다니 —
그건 정말 고역이다. 그러나 더욱더 고약한 것은
빈대를 눌러 죽일 때이다. 끔찍한 냄새가
밤새도록 너를 괴롭힐 것이니.

그렇다, 지상에서 가장 무서운 것이
고약한 냄새로 무장한
해충과의 싸움이니,
바로 빈대와의 결투이다!

# 12장

시인들은, 얌전한 시인들조차도,
열광하고 노래 부른다.
자연은 신의 위대한 신전이라고
그들은 떠들어댄다.

자신의 장려함으로 신의
명예를 증명해 보이는 신전이라고,
그곳에선 해와 달 그리고 별들이
둥근 지붕에 걸린 등불이라고.

하여간에, 당신들 착한 분들이여!
고백하시오, 이 신전 안의
계단들은 불편하다고 —

형편없이 조악한 계단이라고!

이놈의 내려가고 또 내려가기,
산을 기어오르고 그루터기를 뛰어넘기,
이것들은 내 영혼과 내 두 다리를
지치게 한다.

내 곁에는 라스카로가 걷고 있다,
양초처럼, 창백한 얼굴과 큰 키를 하고.
그는 절대로 말하지 않는다, 그는 절대로 웃지 않는다,
이자, 마녀의 죽은 아들은.

그래, 소문으론 그는 죽은 사람이란다.
오래전에 죽었단다, 그러나 어머니 우라카의
마법이 겉보기로는 그가 생명을
유지하고 있는 것처럼 만들었다 한다.

이 빌어먹을 놈의 신전 계단들!
여러 번 무언가에 걸려 비틀거리다가
절벽으로 떨어져 목을 부러뜨리지 않은 것이
지금도 신기하기만 하다.

폭포들이 굉음을 내뿜으며 떨어지는구나!

바람이 채찍질하니
전나무들이 울부짖는구나! 갑자기
폭우가 쏟아졌다, 형편없는 날씨로다!

고베 호숫가의
한 작은 어부의 오두막에서 우리는
숙소, 그리고 숭어를 찾아냈다.
그런데 그 숭어가 기가 막히게 맛있었다.

병들고 머리가 센, 늙은 뱃사공은
안락의자에 기대어 앉아 있었다.
뱃사공의 예쁜 두 조카딸들이,
두 명의 천사와 같이, 그를 돌보았다.

통통한 천사들, 약간 플란드르 풍 처녀들이로다,
액자 속 루벤스* 그림에서 튀어나온 것처럼:
금발의 곱슬머리, 아주 건강하고,
두 눈은 맑은데,

도화색 뺨의 보조개, 그 안에는

---

*페테르 루벤스(Peter Paul Rubens, 1577~1640): 독일에서 출생한 플랑드르 화가. 17세기 바로크 시대를 대표하는 화가로서, 종교화, 역사화 그리고 플랑드르 지방의 풍경화를 주로 그렸다.

장난기가 은밀히 킥킥대고 있다.
팔과 다리는 강하고 풍만하여
즐거움과 두려움을 동시에 불어일으킨다.


예쁘고 진심 어린 귀여운 아가씨들,
이들이 유쾌하게 서로 다투고 있다:
어떤 음료수가 병든 큰아버지의
입맛에 가장 잘 맞을 것인가 하고.


하나가 보리수꽃 차가 든
잔을 그의 입으로 가져가면,
다른 하나는 말오줌나무꽃 달인 것을
그에게 들이댄다.


"둘 중 어느 것도 난 마시지 않겠다."
노인네가 참지 못하고 고함쳤다.
"포도주를 가져오려무나, 손님들에게
더 좋은 음료수를 권하게 말이다!"


고베 호숫가에서 내가 마신 것이
정말로 포도주였는지를
나는 알지 못한다. 브라운슈바이크에서라면
아마 나는 이게 뭄메 맥주*일거라고 믿었을 것이다.

술자루는 최고급 염소가죽으로 만든 것이었는데,
악취가 대단했다. 그러나 노인은
아주 즐겁게 마셨고,
그러곤 건강하고 유쾌해졌다.

그는 피레네 산맥의 숲속에서
자유롭고 대담하게 살아가는
산적들과 밀수꾼들의 행적을
우리에게 이야기해주었다.

그는 또 더 오래된 이야기들도
많이 알고 있었는데,
그중에는 아주 먼 옛날
거인들과 곰들 간의 싸움이야기도 있었다.

그래, 그 옛날, 인간들이 이주해오기 전에는
거인들과 곰들이
이 산과 계곡의 지배권을 둘러싸고
서로 싸웠단다.

인간들이 오자 거인들은

*15세기 말 경 크리스티안 뭄메가 처음 양조한 브라운슈바이크의 맥주.

깜짝 놀라 이 땅으로부터 달아났다,
그도 그럴 것이 그렇게 큰 머리통에는
두뇌라곤 별로 들어 있지 않으니까.

또 사람들이 주장하기로는, 이 바보들은
바닷가에 도착해서
아득히 펼쳐진 푸른 물에
하늘이 비치는 것을 보자,

바다가 하늘이라고
믿었다 한다. 그래서 이들은
신에 대한 굳은 믿음으로 뛰어들었고,
그곳에서 모조리 익사해버렸단다.

곰에 관해서 말하자면,
이제 사람들이 이들을 점차
말살하고 있어서, 해마다
이 산맥 안의 곰 숫자가 줄어들고 있단다.

"이처럼 이 세상에서는" ― 노인이 말했다 ―
"하나가 다른 하나에 자리를 내어주지요.
인간이 멸망한 후에는
지배권이 난쟁이들한테로 넘어갑니다,

작고 영리한 난쟁이들에게.
이들은 산의 태내(胎內)안에 산답니다,
부지런히 줍고, 부지런히 모으면서
황금 갱도의 풍요로움 속에 말이오.

이 난쟁이들이 교활하게 생긴 작은 머리를
구멍 밖으로 내놓고 엿보는 것을
가끔 달빛 아래서 보았지요,
그럴 때면 난 미래에 대한 두려움으로 섬뜩했다오!

이 난쟁이들이 가진 돈의 힘에 대한 두려움으로 말이오!
아, 난 두렵소, 우리의 손자들이
그 어리석은 거인들처럼, 달아난답시고
바다 하늘 속으로 뛰어들 가봐 말이오!"

# 13장

검은 바위로 둘러싸인 분지 안에
호수가 있다, 깊은 호수가.
창백한 별들이 우울하게
하늘에서 내려다본다. 밤, 적막함.

밤, 적막함. 노 젓는 소리.
찰싹거리는 비밀처럼
나룻배가 물위를 떠간다. 사공의 역할을
그의 조카딸들이 넘겨받았다.

날렵하고 즐겁게 노를 젓는다.
그녀들의 건장한 맨살 팔뚝들이
이따금 별빛에 반짝인다.

크고 푸른 눈들도.

내 곁에는 라스카로가 앉아 있다,
늘 그러듯이 창백한 얼굴로 말없이.
이자 정말로 그저 죽은 사람 아닌가?
이런 생각에 난 소름이 끼친다.

혹시 내 자신도 죽어서
이제 배를 타고 저 아래로 내려가는 것인가,
유령 같은 동반자와 함께
저 추운 그림자의 나라로?

이 호수, 이 호수는 스틱스 강\*의
음울한 흐름이 아닐까? 프로세르피네\*\*가,
카론\*\*\*이 없기에, 대신 나를
그녀의 시녀를 시켜 불러온 것인가?

아니다, 난 아직 죽지 않았다,

---

\*그리스 신화에서 죽은 사람의 영혼이 명부(冥府)로 넘어갈 때 건너는 강의 이름이다.
\*\*그리스 신화의 여신 페르세포네의 라틴어 이름. 페르세포네는 제우스 신과 땅의 여신 데메테르(로마 신화에서는 케레스)의 딸로, 명부의 왕 하데스에게 납치당하여 그의 아내가 되었다. 데메테르의 간청에 따라 제우스는 그녀에게 매년 3분의 2의 기간을 지상에서 보내도록 허용한다.
\*\*\*스틱스 강을 건네주는 뱃사공.

소멸되지 않았다 — 내 영혼에는
살아있는 생명의 불꽃이
빛을 발하고 환호하며 활활 타오르고 있다.

유쾌하게 노를 흔들며, 또 때로는
방울져 떨어지는 물을
웃으면서, 장난스럽게
나에게 끼얹는 이 처녀들,

이 싱싱하고 건장한 처녀들은
지옥에서 온 유령 같은 시녀들이
결단코 아니다,
프로세르피네의 시녀가 아니다!

그녀들이 지상의 인간들이라는 것을
완전히 확신하기 위해,
그리고 내 자신의 삶의 충만함을
실지로 확인하기 위해,

나는 황급히 내 입술로
그 붉은 뺨 위의 보조개를 눌렀다,
그러곤 이런 이성적 결론을 내렸다:
그래, 나는 입 맞춘다, 고로 나는 살아 있다.*

호숫가에 닿자, 나는
다시 한 번 이 착한 처녀들에게
입을 맞추었다. 오직 이 입맞춤의 동전만으로
그녀들은 뱃삯을 내게 했다.

*철학자 데카르트의 유명한 명제 "나는 생각한다, 고로 나는 존재한다"에 대한 패러디이다.

# 14장

황금빛 햇살을 배경으로 하여
보라색 산봉우리들이 웃고 있고,
산비탈에는 대담한 새 둥지처럼
작은 마을이 달라붙어 있다.

내가 그곳에 들어서서 보니,
큰 새들은 모두
날아가 버렸고, 아직 날지 못하는
어린 것들만 남아 있었다.

예쁘장한 사내 녀석들, 작은 여자 애들,
마치 복면을 쓴 듯 진홍색 또는 흰색의
챙 달린 털모자로 얼굴을 거의 가린 채

시장 광장에서 신부 맞이하기 놀이를 하고 있었다.

아이들은 놀이를 훼방 받지 않으려 했다.
그리고 나는 사랑에 빠진
쥐 왕자가 고양이 황제의 딸 앞에
열정적으로 무릎 꿇고 있는 것을 보았다.

불쌍한 왕자! 그는 아름다운 공주와
혼례를 올린다. 공주는 짜증이나 다투다가
왕자를 물어뜯는다, 왕자를 먹어 치운다.
죽은 쥐, 놀이가 끝났다.

거의 온종일을 나는 아이들 틈에서 보냈다.
우리는 꽤 친숙하게 떠들어댔는데,
아이들은 알고 싶어 했다,
내가 누구인지, 내가 무엇을 하는지.

귀여운 친구들아 — 나는 말했다 — 내가 태어난 나라는
독일이라고 불린단다.
그곳에는 곰들이 아주 많고,
그래서 나는 곰 사냥꾼이 되었단다.*

수많은 곰들의 가죽을 벗겨냈지.

그러느라고 내 자신도
곰 앞발에
심하게 잡아 뜯겼단다.

그러나 내 소중한 고향 땅에서
차림새도 조야한 무뢰한들과
날마다 맞붙어 싸우는 짓이,
결국 난 지겨워졌단다.

그래서 난 이곳으로 왔다,
더 좋은 사냥감을 찾아서.
저 위대한 아타 트롤과
내 힘을 겨뤄보고 싶단다.

아타 트롤은 내 품위에 걸맞는
고귀한 적이란다. 아! 독일에서
난 수많은 싸움을 이겨냈지만,
그러나 그 승리는 내게 부끄러운 것이었지.

내가 떠나려하자, 나를 둘러싸고

* "곰"은 물론 하이네의 비판가들에 대한 패러디이다. 하이네는 특히 독일 민족주의자들이 게르만족의 원형을 추구하는 것을, 문명화하지 않은 야만 시대의 야만적인 것에 대한 동경이라고 비판했다. 당시의 많은 민족주의자들은 계몽과 계몽화된 문화는 프랑스적인 것이며 독일 문화의 건전성을 해치는 퇴폐적인 것이라고 여겼다.

꼬마들이 춤을 추었다.
춤추면서 그들은 노래했다.
지로플리노, 지로플레트!

마지막으로는 씩씩하면서도 귀엽게,
가장 어린 여자아이가 내 앞에 나와서
무릎을 구부려 절했다. 두 번, 세 번, 네 번,
그러곤 고운 목소리로 노래했다:

"임금님을 만나면,
두 번 절하고,
여왕님을 만나면
절을 세 번 한다.

그러나 뿔 달린 악마가
앞을 막으면,
무릎 구부려 절한다 두 번, 세 번, 네 번 —
지로플리노, 지로플레트!"

지로플리노, 지로플레트!
합창은 계속 되었다, 희롱하듯
내 다리를 둘러싸고
윤무(輪舞)와 노래가 휘돌았다.

골짜기로 내려가는 동안 노랫소리는
내 뒤를 따라 울려왔다, 희미해지면서 사랑스럽게,
끊이지 않고, 마치 새들의 지저귐처럼.
지로플리노, 지로플레트!

# 15장

기이한 형태의 이지러진
거대한 바윗덩어리들,
돌이 된 상고(上古)적의 괴물처럼
나를 바라본다.

기이하구나! 잿빛 구름이 그 너머로
떠간다, 마치 분신인양.
구름은 저 거친 바위 형상들의
조악한 모사품이다.

멀리서는 여울이 거칠게 흐르고,
바람은 소나무 숲에서 울부짖는다.
절망처럼 가차 없는,

불길한 저 소리.

소름끼치는 고적함!
검은 까마귀 떼가
풍화되고 썩은 전나무 위에 앉아서
힘없이 날개를 푸드득거린다.

내 곁에는 라스카로가 걷고 있다,
창백한 얼굴로 말없이, 아마 나 자신도
불쾌한 죽음과 같이 걷는
광기처럼 보일 것 같다.*

추악하게 황폐한 지역.
저주가 내려 있는 것인가? 잔뜩 뒤틀린
나무의 뿌리에서 나는
피를 본 것 같은 생각이 든다.

나무는, 부끄러운 듯 절반은
땅 속에 묻혀 있는 오두막을
그늘로 가리고 있다. 짚으로 인 초라한 지붕이

*보통 알브레히트 뒤러(Albrecht Dürer)의 유명한 판화 〈기사, 죽음 그리고 악마〉가 이 시구의 모티브인 것으로 알려져 있으나 사실은 뒤러의 《막시밀리안 황제의 기도책》에 그려진 〈미친 기사를 동반하는 사람으로 나타난 죽음〉이라 한다.

두려워서 애원하듯 너를 바라본다.

이 오두막에 사는 사람들은
카고족*이다. 이들은
깊은 어둠 속에서 짓밟힌 생명을
근근이 이어온 종족의 후손이다.

바스크 사람들의 마음속에는
아직도 카고족에 대한 혐오가
꿈틀거리고 있다. 어두운 종교 시대**의
어두운 유산으로서.

바녜르의 성당에는
작고 좁은 격자문이 숨어 있다.
이 문은 카고족의 출입문이었노라고
성당 관리인이 내게 말해주었다.

예전에는 그들에게
다른 모든 성당 출입문이 금지되어 있었다.
그래서 그들은 신의 전당 안으로
은밀하게 숨어들어 와야 했다.

*카고족은 오랫동안 천민으로서 차별대우를 받은 피레네 산맥 안의 종족이다.
**기독교가 지배적이었던 중세를 의미한다.

그곳에서 카고족은 외롭게
낮은 의자에 앉아 기도했다,
마치 흑사병 환자들처럼
다른 이들과 격리되어.

그러나 이 세기의 성스러운 촛불은
흥겹게 깜박거린다.
그리고 그 불빛은 사악한
중세의 그늘을 쫓아버린다!

라스카로는 밖에 서 있었다,
카고족의 낮은 오두막에
들어서면서, 나는 카고 형제*에게
반갑게 손을 내밀었다.

그리고는 그의 아이에게도 입을 맞추었다,
그 사람 부인의 가슴에 달라붙어
탐욕스럽게 젖을 빠는 아이에게.
그 아이는 병든 거미 같았다.

---

*"카고 형제"는 시인이 카고 사람들을 "형제"처럼 생각한다는 것을 의미하는 표현이다. 소외되고 핍박받는 사람들에 대해 하이네가 가진 연대감의 표시이다.

## 16장

네가 멀리서 이 산봉우리들을
바라보면, 봉우리들은
황금과 보랏빛으로 치장한
제왕처럼 당당하게 빛난다.

그러나 가까이에서 보면
장려함은 사라진다.
다른 모든 속세의 고결함이 그러하듯
빛의 효과가 너를 속인 것이다.

네가 황금과 보라색이라 생각하던 것,
아, 그것은 그저 보잘것없는 눈이다,
어리석고 초라하게, 외로움 속에서

권태로워하는 보잘것없는 눈.

저 위, 가까이에서
불쌍한 눈이 뿌드득대는 소리를 들었다,
감정 없는 찬 바람에게
자신의 모든 흰색 불행을 탄식하는 것을.

"오, 이 황량함 속에서 ― 눈은 한숨을 쉬었다 ―
시간은 얼마나 천천히 흘러가는가!
이 끝이 없는 시간,
마치 얼어붙은 영원 같구나!

오, 나, 불쌍한 눈! 아, 내가
이 산봉우리가 아니라
골짜기로 떨어졌더라면,
꽃이 만발하는 골짜기로!

그랬다면 난 녹아서
시냇물이 되었겠지, 그러면 마을의
가장 예쁜 처녀가 웃으면서
내 물결로 얼굴을 씻을 거야.

그래, 아마 난 바다까지

헤엄쳐 갔을 거야, 그곳에서 난
진주가 되어, 마침내는
왕관을 장식할 수 있었을 텐데!"

이런 말들을 듣고, 나는
말했다. "친애하는 눈이여,
골짜기에서 그런 빛나는 운명이
당신을 기다릴지, 난 의심스럽소.

기운을 내시오. 저 아래에서
진주가 되는 물방울은 몇 안 된다오.
당신은 거기서 더러운 물웅덩이에 떨어져,
오물이 되었을지도 모르오!"

내가 이런 식으로
눈과 대화하고 있는 동안에
총성이 한 번 울렸다, 그러더니 공중에서
갈색 독수리 한 마리가 아래로 떨어졌다.

그것은 라스카로의 장난이었다,
사냥꾼 장난. 그러나 그의 얼굴은
늘 그러듯 굳어 있고 진지했다.
그저 총신에서 연기가 날 뿐이었다.

그는 말없이 새 엉덩이에서
깃털 하나를 뽑아서는
그의 뾰죽한 펠트 모자에 꽂았다.
그러고는 발걸음을 계속했다.

깃털을 꽂은 그의 그림자가,
검고 긴 그림자가, 산봉우리 위의
하얀 눈 위에서 움직이는 모습은
정말로 섬뜩한 광경이었다.

## 17장

골목길 같은 계곡 하나,
이름이 유령의 협곡이다.
양 옆으로는 가파른 암벽들이
아찔하게 높이 솟아 있다.

그곳, 무섭게 경사진 비탈에,
망대처럼 계곡 안을 내려다보고 있는 것,
바로 우라카의 건방진 오두막이다.
그곳으로 나는 라스카로를 따라갔다.

그는 어머니 우라카와
아주 비밀스런 몸짓 말로 상의를 했다,
어떻게 하면 아타 트롤을 유인해내어서

죽일 수 있을지에 대해.

그도 그럴 것이 우리는 그의 발자국을
제대로 찾아내었다. 그는 더 이상 우리로부터
벗어날 수 없었다. 네 살날은
이제 얼마 남지 않았다, 아타 트롤이여!

이 노파 우라카가
피레네 산맥 안의
사람들이 주장하듯이,
정말로 뛰어난 위대한 마녀인지 아닌지를,

나는 결코 단정 짓지 않으련다.
내가 아는 한, 노파의 외양은
무척 의심스럽다. 가장 의심스러운 것은
짓무른 그녀의 두 눈이다.

시선은 심술궂고 훔쳐보듯 힐끔거린다.
소문으로는, 노파가 쳐다본
불쌍한 암소들은 갑자기
젖 안의 우유가 모두 말라버린다 한다.

심지어는 노파가 메마른 두 손으로

쓰다듬어서 많은 살찐 돼지들을,
그뿐 아니라 아주 튼튼한 황소들까지 죽였노라고
사람들은 말한다.

그런 죄들을 저질렀다고
노파는 몇 차례 치안판사에게
고발당하기도 했다. 그러나
이 치안판사는 볼테르 추종자*였다,

깊은 생각도 신앙심도 결여된
현대적이며 깊이가 없는 현세주의자였다.
그래서 고소인들을 의심쩍은 눈초리로,
거의 조롱하듯이 물리쳤다.

공식적으론 우라카는
아주 정직한 사업을 하고 있다.
그도 그럴 것이 그녀는 산의 약초들과
박제한 새들 장사를 하기 때문이다.

온갖 종류의 자연산 물건으로

---

*볼테르(Voltaire, 1694~1778). 프랑스의 유명한 계몽철학자. 여기에서 볼테르 추종자는 계몽주의자라는 의미이다.

오두막은 가득 차 있었다.
사리풀과 야생란, 민들레와 양치는
끔찍한 냄새를 풍겼다.


독수리들이
멋지게 전시되어 있었다,
활짝 펼친 날개와
무시무시한 부리를 가진 독수리들이.


마비시키듯, 내 머리를 향해 치달려 오르는
저 기이한 식물들의 향기 때문일까?
이 새들을 바라보고 있노라니,
기분이 참 묘해졌다.


이들은 아마도 저주받은 사람들일 것이다,
마법에 걸려서 이렇게
비참하게, 박제된
새가 되어버린 사람들.


고통스러운, 굳은 시선으로, 그리고 동시에
아주 성급한 눈길로 날 응시한다,
또한 새들은 때로는 두려운 듯
마녀를 곁눈질하는 것 같기도 하다.

그러나 마녀 우라카는
난로가에, 아들인
라스카로와 나란히 웅크리고 있다.
이들은 납을 녹여 총알을 만든다.

아타 트롤을 죽인
그 운명의 총알을 주조한다.
불꽃이 성급하게 마녀의 얼굴 위로
흔들거리는 광경이란!

마녀는 끊임없이, 그러나 소리도 없이
얄팍한 입술을 움직인다.
총알 주조가 잘되라고,
마녀의 축복을 읊조리는 것일까?

가끔 그녀는 킬킬대고, 또 아들을 향해
고개를 끄덕인다. 그러나 이 아들은
죽음처럼 진지하고, 죽음처럼 말없이
자기 일만 하고 있다.

이런 <u>으스스</u>한 것들 때문에 답답해져서
나는 창가로 갔다, 신선한 공기를 마시려고,
그리고 그곳에서 멀리 골짜기를

내려다보았다.

내가 그 시간에, 밤 열두 시와
한 시 사이에 본 것,
그것을 나는 이어지는 장(章)들에서
충실하고 멋지게 보고하련다.

## 18장

그것은 보름달이 뜬,
거친 사냥 행렬의 유령들이
유령의 협곡을 떠도는
성 요한 축일* 전날 밤이었다.

우라카의 마녀 둥지 창가에서,
나는 그 유령의 무리들을
제대로 관찰할 수 있었다,
이들이 협곡을 행진해가는 모습을.

이 장관을 구경하기

*세례자 요한의 축일이자 하지(夏至)인 6월 24일. 민간 신앙에 따르면 성 요한의 날 전날 밤에는 거친 사냥 행렬의 유령들이 공중을 배회한다고 한다.

좋은 자리를 차지한 것이다.
나는 무덤에서 올라온 죽은 자들의 축제를
온전히 관람하는 즐거움을 누렸다.

채찍 소리, 자 자 쉿쉿*!
말 울음 소리. 개 짓는 소리!
사냥 나팔 소리와 웃음소리!
이 모든 것이 환호하듯 메아리치던 광경이란!

앞에는, 마치 선발대인 양,
진기한 짐승들이 뛰어 달렸다,
사슴과 멧돼지가 무리를 지어.
그 뒤를 사냥개 떼가 쫓아갔다.

다양한 지역과
다양한 시대의 사냥꾼들.
예를 들면 아시리아의 니므롯** 곁에
샤를 10세***가 말을 달렸다.

---

*사냥개를 부르고 부추기는 소리이다.
**구약성서에서 세상의 첫 번째 장사로 나오는 인물이며, 알려진 고대 바빌로니아의 유일한 왕이기도 하다. 시나르부터 아시리아까지 영토로 삼았기 때문에 아시리아를 니므롯의 땅이라고 불렀다.
***1830년 7월 혁명에 의해 쫓겨난 프랑스의 왕이다.

그들은 백마에 높이 앉아 질주했다.
사냥개의 목줄을 잡은 개몰이꾼들과
횃불을 든 시동들은
도보로 이들을 따라 달렸다.

이 거친 행렬 중의 많은 사람들이
내가 익히 알고 있는 사람들이었다.
번쩍이는 황금 갑옷을 입은 저 기사는
아서 왕이 아닌가?

덴마크인 오기어*,
그는 빛나는 녹색의 둥근 갑옷을 입고 있어서,
마치 날씨를 예보하는
커다란 청개구리처럼 보이지 않는가?

사냥 행렬 속에는
사상계의 영웅들도 많았다.
두 눈의 밝은 광채로
나는 우리의 볼프강**을 알아보았다.

헹스텐베르크***의 저주를 받아서

*유럽 영웅 전설 속의 인물. 〈롤랑의 노래〉에도 등장한다.
**독일의 문호 괴테의 중간 이름이다.

254

그는 무덤 속에서 쉴 수 없단다,
그래서 이교도 동료들과 함께
이승의 사냥 환락을 계속하는 것이다.

입가에 띤 우아한 미소로
나는 윌리엄****도 알아보았다.
그 또한 언젠가 청교도들에게
저주를 받았다. 그래서 이 죄인도

이 거친 무리들을 따라다녀야 한다,
밤에, 검은 말을 타고.
그의 곁에는, 당나귀를 탄,
인간 하나가 따르고 있다 ― 맙소사,

우중충한 기도자의 표정,
경건한 흰색의 나이트캡,
영혼의 불안에서, 나는 알아보았다.
우리의 옛 친구 프란츠 호른*****을!

***헹스텐베르크(E. W. Hengstenberg, 1802~1869): 보수적인 신학교수. 그는 괴테의 많은 작품들, 특히 소설 《친화력》을 강하게 비판했다.
****윌리엄 셰익스피어를 가리킨다.
*****프란츠 호른(Franz Horn, 1781~1837): 베를린의 민간학자(공공기관에 속하지 않은 학자). 그는 경건주의적 성향의 셰익스피어 해설집을 집필하였는바, 하이네는 이 해설집이 셰익스피어를 종교적 경건주의자로 만들었다고 조롱했다.

과거에 현세주의자 셰익스피어를
해설하였기에, 이 가련한 자는 이제
사후에 그와 함께 말을 달려야 한다,
거친 사냥 행렬의 혼란 속에서!

아, 나의 고요한 프란츠가 말을 타야 하다니,
감히 걸으려고도 하지 않던 그가,
그저 차를 마시며 수다 떠는 자리에서나,
그리고 기도할 때만 움직이던 그가!

그의 고요함을 총애하던
늙은 처녀들, 그녀들은 기겁을 하리라,
프란츠가 거친 사냥꾼이 되었다는 것을
듣게 된다면!

가끔씩 말이 빨리 달릴 때면,
위대한 윌리엄은 조롱하듯이,
당나귀를 타고 황급히 그를 따라오는
가여운 해설자를 바라본다.

거의 실신할 지경이 되어, 당나귀 안장머리에
자신을 단단히 고정시킨 채,
그러나 살았을 때도, 그리고 죽은 후에도

자신의 작가를 충실히 따르는 해설자를.

이 미친 듯한 유령의 행렬에서
나는 또한 여인들을 보았다.
특히 아름다운 요정들을,
날씬한 젊은 육체들을.

그녀들은 말 위에 걸터앉아 있었다,
신화 속 여인들처럼 완전히 벌거벗은 채.
그러나 곱슬곱슬한 머리가, 황금의 외투처럼
길게 내려뜨려져 있었다.

머리에는 화관을 썼다,
대담하게 뒤로 몸을 젖힌
오만한 자세를 하고, 그녀들은
잎으로 감싸인 지팡이*를 휘둘렀다.

그녀들 곁에서 나는 단추로 꼭 몸을 죈
기사 여인들을 몇 명 보았다.
부인용 안장에 비스듬히 비켜 앉은 채,
주먹 위에는 사냥매가 앉아 있다.

*담쟁이와 포도 잎으로 감싼 주신(酒神) 디오니소스의 지팡이를 말한다.

마치 패러디인 양, 그 뒤를
희극배우처럼 요란스레 치장을 한
여인들 한 무리가 비루먹은 말들,
말라빠진 늙은 말들을 타고 따랐다.

그녀들의 용모는 매력적이고 사랑스러웠으나,
또한 약간은 뻔뻔스럽기도 했다.
여인들은, 경박하게 화장한 뺨을
한껏 부풀려서 미친 듯이 고함을 질렀다.

이 모든 것이 환호하듯 메아리치던 광경이란!
사냥 나팔 소리와 웃음소리!
말 울음 소리. 개 짖는 소리!
채찍 소리, 자 자 쉿쉿!

# 19장

그러나 미의 삼인조(三人組)로서
행렬의 한가운데에
세 명의 모습이 두드러졌다 — 이 사랑스러운
여인들의 자태를 나는 결코 잊을 수 없다.

머리에 걸린 반달 덕에
그들 중 한 여인은 쉽게 알아볼 수 있었다.*
마치 순결한 입상(立像)처럼 오만하게
이 위대한 여신은 말을 달렸다.

높이 추켜올려진 튜닉**,

*그리스 신화에 등장하는 달의 여신 아르테미스를 가리킨다. 로마 신화에서는 디아나라고 불린다.

가슴과 엉덩이는 절반만 가려졌다.
횃불의 빛과 달빛이
하얀 사지(四肢)를 돌며 탐욕스레 희롱한다.

얼굴 또한 대리석처럼 하얗고
대리석처럼 차갑다.
그 엄격하고 고귀한 모습은
끔찍하리만큼 창백하고 굳어 있었다.

그러나 여신의 검은 두 눈에는
섬뜩한, 으스스하게 달콤한 불길이
활활 타올랐다,
영혼을 현혹하고 소진시키는 불길이.

저 디아나가 얼마나 변했는가!
순결의 오만함에 도취하여
언젠가 악타이온을 사슴으로 변하게 하여,
사냥개들에게 내던져주었던 그 디아나가!

그녀는 이제 그 죄를 속죄하고 있는 것일까,
방탕하기 짝이 없는 이 무리 속에서?

**고대 그리스, 로마 사람들의 겉옷.

유령이 되어 떠도는 가련한 세속의 인간처럼
그녀는 밤의 허공을 달리고 있다.

늦었지만 그만큼 더 강렬하게
여신의 내면에 욕정이 깨어났다.
이 욕정은, 참 지옥의 불길처럼,
그녀의 두 눈에서 불타고 있다.

잃어버린 시절을 그녀는 후회하고 있다,
남자들이 더 멋있었던 그때를.
그래서 여신에게는 이젠 아마 양(量)이
질(質)을 대신하고 있을 것이다.

아름다운 여인 하나 그녀 곁에서 말을 달렸다.
이 여인의 용모는 그리스적으로
엄격하게 균형 잡혀 있진 않았다. 그러나 그 얼굴은
켈트족의 우아함으로 밝게 빛났다.

이 미녀는 요정 아분데*였다,
그녀의 달콤한 미소와,
그리고 정말 거칠 것 없는 웃음에서

*아일랜드 동화와 고대 프랑스 시에서 등장하는 요정으로, 행운을 가져온다고 한다.

난 그녀를 쉽사리 알아보았다!

건강한 장미색의 얼굴,
위대한 화가 그뢰즈*가 그려낸 듯.
하트 모양의 입은 늘 열려 있고,
하얀 치아는 황홀하게 매혹적이다.

팔랑거리는 푸른 잠옷을 걸쳤는데,
바람이 이 옷을 들어 올리려 했다.
가장 근사한 꿈속에서도
나는 그런 어깨를 결코 보지 못했다.

하마터면 나는 창문으로부터
뛰어내릴 뻔했다, 그녀에게 입 맞추려고.
그랬다면 내게 큰 불상사가 생겼겠지,
목뼈를 부러뜨렸을 테니까.

아! 내가 저 아래 나락에서
그녀의 발밑에 피 흘리며
쓰러져 있다 해도 그녀는 그저 웃을 것이다.
아! 나는 그런 웃음을 안다!

*장 바티스트 그뢰즈(J. B. Greuze, 1725~1805): 프랑스의 풍속화가. 의상의 섬세한 질감을 표현하는 솜씨가 뛰어났다.

그리고 세 번째 여자,
내 가슴을 그처럼 뒤흔들었는데,
앞의 다른 두 여인들처럼
그녀도 악마였을까?*

그녀가 악마인지 아니면 천사인지
나는 알지 못한다. 여성들에게 있어서는
어디에서 천사가 끝나고 악마가 시작되는가를
사람들은 결코 정확하게 알 수 없는 법이다.

열병 앓듯 붉게 달아오른 얼굴에는
동방의 매혹이 자리하고 있었다.
화려한 의상은
세헤라자데의 이야기를 상기시켜주었다.

석류석처럼 붉고, 부드러운 입술,
부드럽게 휜 백합의 코,
사지는 날씬하면서도
오아시스의 야자수처럼 서늘하다.

여성용 백마 위에 높이 기대 앉아 있는데,
이 백마의 황금 고삐는
여군주 옆에서 뛰어가는

두 명의 흑인 노예가 잡고 이끌었다.

그녀는 정말 여군주였다,
유대 왕국의 왕비였다,
세례자 요한의 머리를 갈구한
헤롯 왕의 아름다운 부인이었다.*

이 살인죄로 인해 그녀 역시
저주를 받았고, 그래서 밤의 유령으로서
최후의 심판일까지 이 거친 사냥 행렬과 함께
말을 달려야만 하는 것이다.

그녀는 언제나 두 손으로
요한의 머리가 담긴 쟁반을
들고 있다, 그러곤 그 머리에 입을 맞춘다.
그렇다, 그 머리에 열렬하게 입을 맞춘다.

그도 그럴 것이 그 옛날 그녀는 요한을 사랑했다,
성서에는 그런 말이 실려 있지 않다,
그러나 민중들 사이에 그 전설이 살아숨쉰다.

*〈마태복음〉 14장에서 세례자 요한은 헤롯 왕이 처제인 헤로디아와 간통한다는 사실을 비난한 죄로 갇혀 있다가, 헤로디아의 딸 살로메가 헤롯 왕의 축하연에서 춤을 추고 소원으로 목을 원하여 처형당했다.

헤로디아의 끔찍한 사랑의 전설이.

다르게는, 그 여인의 욕구를
설명할 수 없을 것이다.
여자가 어찌 사랑하지도 않는
남자의 머리를 갈구한단 말인가?

아마 연인에게 약간 화가 나서,
그의 목을 베게 했을 것이다.
그러나 쟁반 위에 올려진
사랑하는 사람의 머리를 보자,

그녀는 울다가 미쳐버렸고,
사랑의 광기 속에서 삶을 마쳤다.
(사랑의 광기라니! 말의 중복이로다!
사랑 자체가 이미 하나의 광기이니!)

한밤에 그녀는 부활하여, 말했듯이,
피 흘리는 머리를 손에 들고 간다,
그녀의 사냥 행차에.
그러나 미친 듯한 여인의 변덕스러운 기분으로

그녀는 이따금씩 그 머리를

허공에 내던진다, 아이처럼 웃으면서,
그러곤 아주 날쌔게 그 머리를
다시 붙잡는다, 마치 장난감 공처럼.

내 앞을 말 타고 지날 때,
그녀는 나를 바라보고 고개를 끄덕였다,
내 가슴 가장 깊숙한 곳이 떨리도록
교태를 부리듯, 또 그리워하듯이.

세 번, 위 아래로 물결치듯 움직이며
사냥 행렬은 지나갔다, 그리고 세 번,
말 타고 지나쳐가면서 이 사랑스러운 유령은
나에게 인사했다.

행렬이 더 이상 보이지 않을 때도,
혼잡한 소리가 스러져갈 때도,
내 머릿속에는 그 사랑스러운 인사가 남아
끊이지 않고 계속 불타올랐다.

그날 밤 내내 나는
짚 침대 위에서 피곤한 팔다리를
뒤척였다 — 우라카의 오두막에는
깃털 침대가 없었다

그리고 나는 생각했다: 그 은밀한
끄덕임은 무엇을 뜻할까?
왜 너는 날 그토록 다정하게
바라보았는가, 헤로디아여?

## 20장

태양이 떠오른다. 금빛 화살이
하얀 안개를 향해 쏘아지니
안개는, 상처를 입은 듯, 붉어지다
이윽고 광휘와 광채 속에서 소멸된다.

마침내 승리가 쟁취되었다.
그리고 승리자인 낮은,
빛나도록 충만한 영광 속에,
산맥의 목덜미 위에 올라선다.

숨어 있는 둥지에서는
새떼들이 소란스럽게 지저귄다.
마치 기분 좋은 냄새들이 향연을 벌이듯

풀 향기가 솟아오른다.

아주 이른 아침에
우리는 계곡으로 내려갔다.
라스카로가 곰의 발자취를
쫓는 동안에,

난 이런저런 생각으로
시간을 보내려고 했다.
그러나 생각은 마침내 날 피곤하게,
심지어는 약간 슬프게 만들었다.

피곤하고 슬퍼져서, 마침내 난
작은 시냇물이 흐르는
커다란 물푸레나무 아래의
부드러운 이끼 의자 위에 앉았다.

시냇물의 기이하게 졸졸 흐르는 소리가
기이하게 내 마음을 현혹했고,
그래서 생각도, 생각하는 행위도
내게서 사라져버렸다.

꿈과 죽음과 광기 같은 것들에 대한

거친 동경이 나를 사로잡았다,
유령 무리의 사냥 행렬에서 보았던
말 위의 여인들에 대한 동경이.

오, 아침의 여명이 쫓아낸
너희 사랑스러운 밤의 환영들이여,
말해다오, 어디로 달아났는지를,
말해다오, 낮엔 어디서 머무는지를.

로마나\*의 그 어딘가에 있는
옛 사원의 폐허 밑에서
— 그렇게들 말한다 — 디아나는
예수의 낮의 지배를 피해 숨어 있단다.

오직 한밤의 어둠 속에서만
그녀는 용기를 내 뛰쳐나온다.
그리고 이교도인 놀이 친구들과 함께
사냥 유희를 즐긴다.

아름다운 요정 아분데 역시
나자레\*\* 사람들을 두려워한다.

\*이탈리아 북부 아페닌 산맥과 아드리아 해안 사이의 지역.

그래서 낮 동안엔
안전한 아발론***에 머문다.

이 섬은 저 멀리, 낭만의
조용한 바다에 숨어 있어,
날개 달린 우화(寓話)의 말(馬)을 타고서야
그곳에 갈 수 있다.

그곳엔 근심은 결코 닻을 내리지 않는다.
그곳엔 주둥이에 담배 파이프를 문
호기심 많은 속물들을 태운 증기선도
정박하지 않는다.

저 어리석고, 둔중하며 지루한 종소리는
결코 그곳까지 뚫고 들어갈 수 없다,
요정들이 그렇게 싫어하는
저 탁한 딩 뎅 소리는.

그곳, 방해받지 않은 즐거움 속에,
영원한 젊음 속에 피어나며

**하이네는 정신 위주의 삶, 물질적, 육체적 금욕의 삶을 살아가는 사람을 "나자레 사람"이라 칭했다. 이와 반대되는 삶을 사는 사람은 "헬레네 사람"으로 분류했다.
***요정들의 섬. 하이네에게 아발론은 "시의 나라"이기도 하다.

그 쾌활한 귀부인,
우리의 아분데가 살고 있다.

그곳에서 그녀는 깔깔대며
큰 해바라기 꽃 아래를 산책한다,
속진에서 벗어난 기사들의 무리인
수행원들과 함께 정겹게 이야기하며.

그러나 너 헤로디아여,
말해다오, 넌 어디에 있는지. 아, 나는 안다!
너는 죽어서 그곳에 묻혀 있지,
그 예루살렘이라는 도시에.

낮에는 넌 대리석 관 안에서
굳어버린 시체처럼 잠을 잔다.
그러나 자정이 되면
채찍 소리, '자 자 쉿쉿' 소리가 너를 깨운다!

그리고는 그 거친 무리의 행렬을 따른다.
디아나, 아분데와 함께,
그 쾌활한 사냥꾼 동료들과 함께.
그들은 십자가나 고통을 아주 싫어하지!

이 얼마나 멋진 무리인가!
나도 밤마다 저 숲을 뚫고
너와 같이 사냥을 할 수 있다면! 난 항시
네 곁에서 말을 달리리라, 헤로디아여!

그럴 것이 난 너를 가장 사랑한단다!
저 그리스의 여신보다 더,
저 북방의 요정보다 더,
나는 너를 사랑한단다, 너 죽은 유대 여인이여!

그렇다, 나는 너를 사랑한다! 내 영혼의 떨림에서
나는 그것을 알아차릴 수 있다.
나를 사랑해다오, 내 연인이 되어다오,
아름다운 여인 헤로디아여!

나를 사랑해다오, 내 연인이 되어다오!
그 피 흘리는 바보 머릴랑 내던져버려라,
쟁반과 함께. 그리고 더 나은 요리를
맛있게 즐기려무나.

나는 정말 네가 필요로 하는
바로 그런 기사이다 — 네가 죽은 사람이고
심지어는 저주받은 존재라는 사실은

내겐 아무 상관없다, 난 편견 따위는 없단다 —

설혹 내 영생의 복락에
문제가 생기더라도.
그리고 때로는 난 내 자신 아직 살아있는지,
그 사실을 의심한단다!

날 네 기사로 받아다오,
네 시종을 드는 기사로.
네 외투를 나르고,
네 모든 변덕도 받아주마.

밤마다 네 곁에서 말을 달리리라,
저 거친 무리들과 함께,
우리 정답게 이야기하고,
우리의 멋진 대담에 대해 깔깔대겠지.

밤에는 난 널 즐겁게 해줄 것이다,
그러나 낮엔
모든 즐거움은 사라지고
난 네 무덤 앞에 앉아 울리라.

그래, 낮에는 난 울 것이다,

왕릉의 폐허 위에 앉아서,
예루살렘이라는 도시에 있는
연인의 무덤 앞에 앉아서.

지나가는 늙은 유대인들은
틀림없이 이리 생각을 것이다,
내가 사원의 몰락을,
예루살렘의 몰락을 슬퍼하노라고.

## 21장

배가 없는 아르고 호\*의 선원들,
이들은 산 속을 걸어서 간다,
그리고 황금의 양털 가죽 대신
그저 곰 가죽을 목표로 한다.

아! 우리는 불쌍한 자들이로다,
현대판의 영웅들이다,
어떤 고전 시인도 우리를
불멸의 서사시로 우리를 노래해주지 않을 것이다.

그러나 우리는 큰 고난을

\*그리스의 영웅 이아손과 함께 황금의 양털 가죽을 찾으러 콜키스를 향해 떠난 50인의 용사들이 탄 배.

겪었다! 나무 한 그루 마차 한 대 없는
산봉우리에서 엄청난 폭우가
우리를 엄습했다.

억수 같은 소나기! (탈장대(脫腸帶)가 찢어졌다.)*
양동이로 퍼붓듯 비가 쏟아졌다!
틀림없이 콜키스의 이아손도
이런 물벼락에 흠뻑 젖지는 않았을 것이다.

"우산 하나! 우산 하나에
서른여섯 명의 왕을
주겠노라!"**하고 나는 외쳤다.
그러나 물은 계속 떨어져 내렸다.

지칠 대로 지치고, 잔뜩 짜증이 난 채,
우리는 흠뻑 젖은 푸들처럼,
밤늦게야 높이 위치한

---

*독일어로 "억수 같은 소나기"를 뜻하는 Wolkenbruch는 어원상으로는 '구름(Wolken)'의 '붕괴(Bruch)'를 의미한다. 즉 '구름에 균열이 생겨 부서져서 쏟아져 내리는 듯한 비'라는 의미이다. 괄호 안의 "탈장대가 찢어졌다"라는 표현은 Wolkenbruch에 대한 비유이다. 탈장(脫腸)을 막아주는 인대가 찢어져 장(즉 비)이 밖으로 마구 빠져나온다는 것이다.
**셰익스피어 작 《리차드 3세》의 "말 한 필! 말 한 필! 내 왕국을 줄 테니 말 한 필을!"이라는 어구를 코믹하게 변형시켰다. "서른여섯 명의 왕"은 당시 독일이 36개의 영주국으로 분리되어 있는 사실에 대한 풍자이다.

마녀의 오두막으로 돌아왔다.

오두막 밝은 아궁이 곁에 앉아서
우라카는 그녀의 크고 뚱뚱한
퍼그를 빗질해주고 있었다.
마녀는 재빨리 개를 내쫓았다,

우리를 돌봐주려고 말이다.
그녀는 내 침상을 준비해주었고,
내 아마포 신발을 벗겨주었다,
이 불편하기 짝이 없는 신발을.

내가 옷 벗는 것을 도와주었고,
내 바지도 벗겨주었다.
바지는 다리에 충성스레 착 달라붙어 있었다,
마치 바보의 우정처럼.

"잠옷 한 벌! 마른 잠옷 한 벌에
서른여섯 명의 왕을!" 하고 나는 외쳤다.
몸에 걸친 내 젖은 속옷으로부터
김이 모락모락 피어올랐다.

추워서 오들오들 떨며, 이빨을 부딪치면서,

한동안 나는 아궁이 앞에 서 있었고,
마침내는 불에 마취된 듯
짚 침상 위로 쓰러져 누웠다.

잠은 잘 수 없었고, 그래서 난 게슴츠레
눈을 뜨고 마녀를 바라보았다. 마녀는
벽난로 곁에 앉아, 나와 마찬가지로 그녀가 옷을 벗겨주었던
아들의 상반신을

무릎에 안고 있었다. 그녀 옆에는
그 뚱뚱한 개가 뒷발로 서서,
조그만 단지 하나를
아주 능숙하게 앞발로는 들고 있었다.

우라카는 그 단지에서
붉은 기름을 꺼내서는
아들의 가슴과 늑골에 발랐다. 그러곤
황급히, 손을 떨며 황급히, 문질렀다.

이처럼 고약을 문지르고 바르는 동안에
마녀는 자장가를 흥얼거렸다,
가느다란 콧소리로. 그사이 아궁이의 불은
기이하게 탁탁 소리를 내며 타올랐다.

마치 시체처럼, 누렇고 뼈만 앙상한
아들은 어머니의 무릎 위에 누워 있었다.
그의 창백한 두 눈은, 활짝 열린 채로,
앞만 응시하고 있었다, 죽음을 슬퍼하듯이.

그는 정말 죽은 사람인가,
어머니의 사랑이 밤마다
아주 강한 마녀의 고약으로
마법의 삶을 문질러주었던가?

기이하게 열에 들뜬 잠!
사지는 묶여서 납덩이를 매단 듯
피곤하나, 긴장한 탓인지 의식은
끔찍하게 깨어 있으니!

방 안의 약초 냄새는 내겐 정말
고문이었다! 어디서 이미 이런 냄새를 맡았던가?
나는 고통스럽게 파헤치며 기억을 더듬었다.
기억해내려 했으나 헛수고였다.

벽난로 안에서 바람 지나가는 소리는
정말 나를 무섭게 했다! 메말라버린
가련한 영혼의 신음 같은 소리 ―

잘 알고 있는 목소리 같았다.

그러나 나를 가장 괴롭힌 것은
내 침상 머리맡 옆의
선반 위에 서 있는
박제된 새들이었다.

새들은 천천히 소름끼치게
날개를 움직였다, 그리고,
사람 코 같은 주둥이를
내 쪽으로 숙였다.

아! 어디서 이런 코들을 이미
보지 않았던가? 함부르크나
프랑크푸르트의 골목\*에서 보았던가?
기억은 고통스럽도록 흐릿했다.

마침내 잠이 완전히 나를
압도했고, 비몽사몽하던
환상의 자리를
건강하고 확실한 꿈이 차지했다.

\*유대인 골목을 의미한다. 함부르크와 프랑크푸르트에는 중세 이후 '게토'라고 불리는 대규모의 유대인 거주지가 있었다.

오두막이 홀연히 무도장으로
변하는 꿈을 나는 꾸었다.
기둥들이 높이 서있고
가지 달린 촛대들로 환하게 밝혀진 무도장으로.

보이지 않는 악사들이
〈악마 로베르〉*에 나오는
불경스러운 수녀들의 춤을 연주했다.
나는 홀로 그곳을 거닐었다.

마침내 입구의 문이
활짝 열리고, 천천히,
장중한 발걸음으로
기이한 손님들이 들어온다.

온통 곰과 유령들이로다!
곰들은 똑바로 서서 걸으며,
저마다 유령 하나씩 이끈다.
하얀 수의로 온몸을 감싼 유령을.**

*〈악마 로베르〉는 자코모 마이어베어(Giacomo Meyerbeer, 1791~1864)가 작곡한 오페라이다.
**이 시절(詩節)과 바로 앞의 시절의 동사는 모두 '현재형'임. 하이네는 두 시절의 모습을 직접 눈앞에 보이듯이 표현하려고 시도한 것이다.

이런 식으로 짝을 지어, 이들은
왈츠를 추기 시작했다, 위로 아래로,
홀을 휘저으며. 진기한 광경이었다!
놀랍기도 하고 우습기도 했다!

그도 그럴 것이 둔한 곰들에게는
빙글빙글 돌며 경쾌하게 움직이는
하얀 환영들과 보조를 맞추는 것이
무척이나 힘들었기 때문이다.

이 불쌍한 짐승들은 사정없이 잡아 끌렸고,
그래서 곰들의 씩씩거리는 소리가
오케스트라의 저음부를
거의 압도할 지경이었다.

때로는 왈츠를 추다가 한 쌍이 다른 한 쌍과
서로 맞닿기도 했다. 그러면 곰은
그와 부딪친 유령의
엉덩이를 몇 번 걷어찼다.

때로는 춤의 혼잡 속에서,
곰이 춤추는 상대의 머리로부터
수의 자락을 잡아채기도 했다.
그러면 해골이 삐쭉 보였다.

그러나 마침내 트럼펫과 심벌스가
천둥치듯 환성을 울렸다.
팀파니가 쾅쾅 거렸고,
갤럽 춤*이 시작되었다.

이 꿈을 나는 끝까지 꾸지 못했다.
둔하게 생긴 큰 곰 한 마리가
내 발의 티눈을 밟았기 때문이다.
그래서 난 고함을 지르며 깨어났다.

*4분의 2박자로 된 빠른 원무(圓舞).

## 22장

태양 마차를 탄 아폴론 신이
불 뿜는 말들을 채찍으로 몰았다.
그는 이미 그의 하늘 여행을
절반은 끝내었다,

내가 잠을 자고 있는 동안에,
그리고 기이하게 뒤엉킨
곰과 유령들을 꿈꾸는 동안에,
그것은 기찬 아라베스크였다!

내가 깨어났을 때는 정오였고,
나 말곤 아무도 없었다.
집의 여주인과 라스카로는

이미 일찍이 사냥을 나갔다.

그저 그 퍼그만 오두막에
남아 있었다. 그 개는 화덕의 냄비 앞에
뒷발로 서 있었다,
앞발에는 수저를 들고서.

잘 조련된 것처럼 보였다,
국물이 끓어 넘치면,
재빨리 국물을 휘저었고,
그러고 나서 거품을 걷어 냈다.

그러나 내 자신도 마법에 걸린 것인가.
아니면 내 머릿속이 아직도
열로 달아오르고 있는 것일까. 내 귀를
믿을 수 없다 — 퍼그가 말을 하다니!

그렇다, 개가 말한다, 그것도 말투는
편안한 슈바벤* 방언이로다. 꿈꾸듯,
깊이 생각에 잠긴 듯,

*슈바벤은 슈투트가르트를 중심으로 한 독일 남서부 지역을 일컫는다. 가톨릭 색채가 짙은 보수적인 지역으로 알려져 있다. 하이네는 종종 이 지역 사람들의 우직하고 보수적인 성향을 풍자의 대상으로 삼았다.

개는 다음과 같이 말한다:

"오, 나 불쌍한 슈바벤 시인!
낯선 곳에서 슬프게
저주받은 퍼그로서 신세한탄을 해야 하다니,
그리고 마녀의 냄비를 지켜야 하다니!

마법이란 참으로 추악한
범죄로다! 내 운명은
참으로 비극적이로다, 개의 껍질 안에서
인간의 감정을 느껴야 하다니!

내가 고향에 머물러 있었던들,
흥허물 없는 동류(同類)의 시인 동지들 곁에!
그들은 마법의 대가가 아니다, 그들은
어떤 인간도 마법으로 호리지 않는다.*

---

*이 시절의 끝 두 행의 원문은 "Das sind keine Hexenmeister,/ Sie bezaubern keinen Menschen"인바, 이중의 의미를 가지고 있다. 겉으로 드러난 의미는 위의 번역과 일치한다. 그러나 숨은 의미는 "그들은 뛰어난 시인들이 아니다./ 그들은 어떤 인간도 매혹하지 못한다"이다. "Hexenemeister(마법의 대가)"는 음이 비슷한 Hexameter(6운각의 시구)를 대신하고 있으며, "bezuabern"은 일차적으로는 "마법을 걸다", "마법으로 호리다"의 뜻이나, 이차적으로는 "(아름다운 시나 음악으로) 사람을 매혹하다"의 뜻으로도 사용된다. 하이네는 슈바벤 시인들의 작품들의 미흡한 미적, 예술적 수준을 풍자하고 있다.

내가 고향에 머물러 있었던들,
카를 마이어\*의 곁에, 조국의
달콤한 노란 오랑캐 꽃 곁에,
경건한 소시지 수프 곁에!

지금 나는 향수로 거의 죽어가고 있다.
슈투트가르트에서 국수를 삶을 때
굴뚝에서 솟아오르는
연기라도 보고 싶도다!"\*\*

이 말을 들었을 때,
나는 깊은 감동에 사로잡혔다.
나는 침상에서 벌떡 일어나,
난롯가에 앉고는, 연민에 차서 말했다:

"고귀한 시인이여, 어떻게 해서 당신은
이 마녀의 오두막으로 빠져 들게 되었습니까?
사람들은 왜 당신을 그토록 잔인하게
개로 만들었습니까?"

---

\*카를 마이어(Carl Mayer, 1786~1870): 슈바벤파(派)의 시인. 하이네의 주된 풍자 대상 중 한 명이다.
\*\*호메로스의 〈오디세이아〉 첫 번째 노래 중 57~59행 "그러나 오디세우스는/ 고향 땅으로부터 피어오르는 연기를/ 다시 한 번 보고 싶어 했다./ 그가 죽기 전에." 의 패러디.

그러자 그 퍼그는 기쁨에 차 외쳤다:
"그럼 당신은 프랑스인이 아니군요?
당신은 독일 사람이고, 그래서
내 조용한 독백을 이해하셨군요.

아, 동향 양반, 정말 큰 불행이었답니다,
추밀 고문관 쾰러*가, 우리가 함께 주점에서
담배와 맥주를 피우대고 마시며**
토론을 할 때면,

항시 그 말을 되풀이한 것이 말입니다.
오직 여행을 통해서만 사람들은, 쾰러 자신이
낯선 곳에서 가져온 그러한 교양을
얻을 수 있노라고 한 그 말을!

그래서 내 다리로부터
거친 껍질을 떼어내려고, 그리고
쾰러처럼 좀 더 세련된 신사의 예절을
연마하기 위해서,

---

*쾰러(Chr. F. K. von Köller, 1781~1848): 비템베르크의 추밀 고문관인 쾰러는 외교관으로서 많은 국가들을 여행했으며, 몇 권의 기행문을 썼다.
**하이네는 "담배"와 "맥주"를 독일인들, 특히 독일 민족주의자들의 거칠고 세련되지 못한 태도에 대한 상징적 단어로 자주 썼다.

나는 고향을 떠났습니다,
그리고 교양 쌓기 여행 도중에
이 피레네 산맥으로,
우라카의 오두막까지 왔답니다.

난 유스티누스 케르너*의
추천장도 가지고 왔습니다,
이 친구가 마녀들과 관계를 맺고 있으리라고는
생각하지도 못했지요.

우라카는 나를 친절하게 맞아주었지요.
그런데 놀랍게도 이 호의는
마침내는 관능적 욕망으로
변질되어 자라났습니다.

그래요, 이 방탕한 요부의
시들은 가슴 속에, 혐오스럽게도
음탕한 욕망이 타올랐습니다.
그녀는 날 유혹하려고 했지요.

그러나 나는 애원했습니다: 아, 부인,

---

*유스티누스 케르너(Justinus Kerner, 1786~1862): 슈바벤의 시인.

용서하시오! 난 음란한 괴테주의자*가
아니랍니다. 나는 슈바벤 시파(詩派)에 속한
시인입니다.

우리의 뮤즈는 도덕성입니다.
이 뮤즈는 아주 두꺼운 가죽 속옷을
입고 있지요 — 아, 제발!
내 덕성에 흠집을 내지 마십시오!

다른 시인들은 정신을, 다른 환상을,
그리고 다른 열정을 가졌지요.
그러나 우리 슈바벤의 시인들은
덕성을 가졌답니다.

덕성은 우리의 유일한 재산입니다!
내 알몸을 가린
이 도덕적 종교적 거지 외투**를
내게서 빼앗지 마십시오!

*괴테는 보수적인 기독교 교회로부터 비도덕적이며 이교도적 시인이라며 많은 비난을 받았다.
**"도덕적 종교적 거지 외투"는 슈바벤 시파에 대한 괴테의 비판적 언급을 하이네가 변형시킨 표현이다. 괴테는 년 월 일 첼터에게 보낸 한 편지에서 슈바벤 시인들이 "도덕적-종교적-시적 거지 외투"를 걸치고 있다는 표현으로 그들의 시를 폄하했다.

그렇게 나는 말했지요, 그러나 이 계집은
조롱하듯 싱글거렸습니다, 웃으면서 그녀는
겨우살이 가지 하나를 들더니,
그 가지를 내 머리에 댔습니다.

그러자마자 섬뜩하고 기분 나쁜
느낌을 들었습니다. 마치 온몸에
거위 껍질을 씌우는 듯한 느낌이었지요.
그러나 그것은 거위 껍질이

아니었답니다. 그건
개가죽이었습니다 — 그 불행한 시간 이후
나는, 당신이 보듯, 퍼그로
변해 있습니다."

불쌍한 친구 같으니! 흐느껴 우느라고
그는 더 이상 말을 할 수 없었다,
거의 눈물로 녹아 흘러내릴 정도로
그는 서럽게 울어댔다.

"들어보시오", 나는 비애에 차 말했다,
"당신을 개가죽으로부터 해방시키고,
당신이 인간성과 시 예술을 다시 찾을 수 있게

내가 무엇인가 해줄 일이 있습니까?"

그러나 개는 암울하게, 그리고 절망적으로
앞 다리를 허공으로 치켜 올렸다,
한숨을 쉬고, 끙끙거리다가,
마침내 그가 말했다:

"어떤 처녀의 관대함이 나를
이 저주로부터 구해내지 않으면,
나는 최후 심판의 날까지
이 퍼그의 껍질 안에 갇혀있어야 합니다.

그래요, 어떤 남자도 접하지 않은
오직, 순결한 처녀만이
다음의 조건을 충실히 이행하면,
나를 구원해낼 수 있습니다.

이 순결한 처녀는
섣달 그믐날 밤에
구스타프 피저*의 시를

---

*구스타프 피저(Gustav Pfizer, 1807~1890): 슈바벤의 시인. 피저는 〈하이네의 저작과 경향〉이라는 논문으로 하이네와 청년독일파 작가들을 비난했다. 이후 그는 종종 하이네의 풍자적 조롱의 대상이 되었다.

읽어야 합니다 — 잠들지 않고요!

그녀가 시를 읽는 동안에
순결한 두 눈을 감지 않으면,
그러면 나는 마법에서 풀려납니다,
인간으로 되살아납니다, 퍼그에서 벗어납니다!"

"아, 이 경우에는," 하고 나는 말했다,
"나로서는 당신을 구원할 수가 없겠군요.
그도 그럴 것이 첫 번째로
난 순결한 처녀가 아니고,

그리고 두 번째로
구스타프 피저의 시를 읽으면서
잠들지 않는 일은
더더욱 불가능하기 때문입니다."

## 23장

마녀 오두막의 유령 소동에서 벗어나
우리는 골짜기로 내려선다.
우리의 다리는 다시금
현실의 굳은 땅을 밟는다.

사라져라, 유령들아! 밤의 요귀들아!
환영들아! 환각들아!
우리는 다시금 이성적으로
아타 트롤 쫓는 일에 종사할 것이다.

동굴 안, 새끼들과 함께
아타 트롤은 누워 있다, 잠을 잔다,
정당한 자의 코골이와 함께.

마침내 그는 하품하며 깨어난다.

그의 곁에는 짝귀 공(公)이 웅크리고 있다.
그는 머리를 긁적인다,
마치 운(韻)을 찾는 시인처럼.
그는 앞발로 운율을 맞추고 있다.

마찬가지로 아버지 옆에서
등을 바닥에 댄 채, 꿈을 꾸며
아타 트롤의 사랑하는 딸들이 누워 있다,
순진하고 순결한, 네 발 달린 백합들이.

무슨 다정다감한 생각들이
이 하얀 곰 처녀들의 꽃 피어오르는
영혼 속에서 고뇌하고 있단 말인가?
그녀들의 두 눈은 눈물로 젖어 있다.

특히 막내딸이 가슴 깊이 격동된 듯하다.
그녀는 가슴 속에 이미
환희에 찬 그리움을 느끼고 있다,
큐피드의 힘을 어렴풋이 느끼고 있다.

그렇다, 이 작은 신의 화살이

그녀의 털가죽을 뚫고 들어왔다,
그녀가 그를 보았을 때. 오, 맙소사,
그녀가 사랑하는 자는 인간이다!

인간이며 이름은 슈나판스키이다.
대규모 후퇴*의 와중에 그는
어느 날 아침 산 속에서
그녀를 지나쳐 뛰어갔다.

영웅의 불행은 여인들을 감동시킨다,
그리고 우리 영웅의 얼굴에는,
늘 그러하듯, 재정적 궁핍의
창백한 비애와 음울한 걱정이 나타나 있었다.

그가 가진 군자금 전부,
그가 에스파냐로 가지고 온
22그로쉔**은,
에스파르테로***의 전리품이 되었다.

---

*1834년 에스파냐에서 돈 카를로스와 이사벨라 2세 사이에 왕위 계승을 둘러싼 내전이 발발했다. 주로 가톨릭과 절대왕정 수호 세력으로 구성된 돈 카를로스 휘하의 군대는 이 전쟁에서 패했고, 돈 카를로스는 프랑스로 달아났다. "대규모 후퇴"는 돈 카를로스 군의 패퇴를 암시하고 있다.
**옛 독일의 은화.
***이사벨라 2세 휘하의 장군.

시계조차도 구해내지 못했다!
팜펠루나의 전당포에
남아 있다. 조상의 유물이고,
값비싼 진짜 은시계였는데.

그는 죽어라고 도망쳤다.
그러나, 자신도 모르게, 달아나는 중에
그는 최고의 승전보다도
더 좋은 것을 쟁취했다 ─ 마음 하나를!

그렇다, 그녀는 그를 사랑한다,
이 철천지원수를! 오, 불쌍한 곰 처녀!
아비 곰이 이 비밀을 안다면
그는 아주 무섭게 으르렁댈 것이다.

시민의 자긍심으로
에밀리아 갈로티를 찔러 죽인
그 늙은 오도아르도*처럼,
아타 트롤 역시

그의 딸을 차라리 죽일 것이다,

*레싱(G.E. Lessing, 1729~1781)의 시민비극 《에밀리아 갈로티》에서 주인공 에밀리아의 아버지. 딸의 순결이 영주에게 더럽혀지는 것을 막기 위해 칼로 살해한다.

자신의 앞발로 죽일 것이다,
딸이 한 왕자의 수중에
떨어지는 것을 허용하기보다는!

그러나 지금 이 순간
그의 마음은 연약한 감상에 젖어 있다,
그래서 폭풍이 꽃잎을 뜯어 날려버리기도 전에
장미꽃을 꺾어버릴 기분은 아니다.*

연약한 감상에 젖어 아타 트롤은
동굴 안 그의 가족 곁에 누워 있다.
저 세상을 향한 동경이, 죽음의 예감처럼,
그에게 살며시 다가섰다!

"애들아!" 부르며 그는 한숨 쉰다, 그리고
갑자기 그의 큰 눈으로부터 눈물이 떨어진다,
"애들아! 내 이 지상에서의 순례는
완결되었다, 우리는 헤어져야 한다.

오늘 한낮에 잠을 잘 때
아주 의미심장한 꿈을 꾸었구나,

*에밀리아는 아버지의 손에 죽기 직전 "폭풍이 꽃잎을 뜯어 날려버리기도 전에/ 장미 한 송이가 꺾이는구나" 하고 탄식한다.

내 마음은 다가올 죽음의
달콤한 예감을 즐기고 있었지.

나는 결단코 미신 따윈 믿지 않는다,
어리석은 곰이 아니란 말이다 — 그러나
하늘과 땅 사이에는 생각하는 자도
알 수 없는 것이 있단다.

세계와 운명에 대해 골똘히 생각하다가
나는 하품하며 잠이 들었다,
그때 큰 나무 밑에
내가 누워 있는 꿈을 꾸었지.

나무의 가지로부터
하얀 꿀이 흘러 내려서는, 바로
내 열린 입으로 미끄러져 들어왔다.
나는 달콤한 희열을 느꼈다.

기쁨에 차 위를 힐끗 바라보니,
나무 위쪽에 작은 아기 곰 일곱 마리가
아래로 위로 미끄러지듯
오르내리는 것이 보였다.

연약하고 귀여운 녀석들이었다.
아기 곰들의 털은 장밋빛 붉은색이었고
양 어깨에는 두 개의 자그만 날개 같은 것이
비단처럼 부드럽게 펄럭였다.

그래, 이 장밋빛의 붉은 아기 곰들은
비단 같은 날개를 가지고 있었다.
그리고 세속을 벗어난 영롱한
피리 소리 같은 음성으로 노래를 불렀지!

그들이 노래를 하자, 내 살갗은
얼음처럼 차가워졌다. 그러나 불꽃처럼
살갗을 빠져나간 내 영혼은
휘황하게 빛을 발하며 하늘로 올라갔단다."

아타 트롤은 이렇게 말했다,
부드럽고 떨리는 으르렁 음성으로.
한동안 그는 비애에 차 침묵했다.
그러나 갑자기 그의 두 귀가

쫑긋 섰다. 그러곤 이상하게 실룩거렸다.
그는 침상으로부터 벌떡 뛰어 일어났다,
기쁨에 차 떨면서, 기쁨에 차 외치면서:

"얘들아, 너희들 저 소리 들리지?

저 소린 너희 어머니의
달콤한 음성이 아니냐? 오, 나는 안다,
내 뭄마의 낮게 으르렁대는 소리를!
뭄마! 나의 검은 뭄마여!"

이 말과 함께 아타 트롤은
미친 듯이 동굴로부터
뛰쳐나갔다, 파멸을 향해!
아! 그는 자신의 불행으로 뛰어든 것이다.

# 24장

롱스보 골짜기 안,
그 옛날 카를 대제의 조카*가
마지막 숨을 거둔
바로 그 장소,

그곳에서 아타 트롤도 숨을 거뒀다,
함정에 빠져 죽었다. 유다 같은 기사
가넬론 폰 마인츠**에 의해 배신당한
롤랑과 마찬가지로.

*전설에서 롤랑은 카를 대제(샤를마뉴 대제)의 여동생 베르타의 아들이다.
**등장하는 롤랑을 배신하고 사라센군과 연합하여 롤랑을 공격했다는 기사의 이름. 그러나 롤랑의 부대를 실제로 습격한 사람들은 산악부족 바스크인들이었다 한다.

아! 곰들 중 가장 고귀한 곰,
아내에 대한 사랑의 감정이
그에게 덫이 되었다. 우라카는
이 덫을 교활하게 이용할 줄 알았다.

검은 뭄마의 으르렁대는 소리를
그녀는 아주 그럴싸하게 흉내 냈고,
그래서 아타 트롤은 유혹되어 나왔다,
안전한 곰의 동굴로부터.

그리움의 날개에 탄 듯, 골짜기를 뚫고
그는 달렸다. 그러다 이따금 바위 앞에
멈춰 섰다, 다정하게 킁킁거리며.
뭄마가 그곳에 숨어 있다고 믿었다.

아! 그곳에는 라스카로가 숨어 있었다,
엽총을 들고. 그는 아타 트롤의
기쁨에 찬 가슴 한가운데를 쏘았다.
붉은 피가 솟구쳐 흘러 나왔다.

그는 고개를 몇 번 흔들었다,
그러나 마침내 그는 신음하며
쓰러졌고, 격렬하게 몸을 떨었다.

"뭄마!"가 그의 마지막 한숨이었다.

이렇게 고귀한 영웅은 쓰러졌다.
이렇게 그는 죽었다. 그러나 죽음 후에
그는 시인의 노래 속에서
영생으로 부활하리라.

노래 속에서 그는 부활할 것이다,
그의 명성은 사운각(四韻脚)의
트로케우스*에 실려 거인처럼
이 세상을 활보할 것이다.

바이에른의 왕**은 발할라***에
언젠가 그의 기념비를 세우고, 그 위에
비텔스바하**** 풍의 비문 문체로
다음과 같은 비문을 새길 것이다:

"아타 트롤, 경향 곰: 도덕적이고

---

*강음의 장모음과 약음의 단모음이 교차하는 시의 형식.
**바이에른의 루드비히 1세를 가리킨다. 이 왕은 예술품 수집가로 유명했으며, 바이에른의 수도인 뮌헨을 "독일의 아테네"로 만들려고 노력했다.
***북구 신화에서 죽은 영웅들이 모여 사는 신전.
****비텔스바하는 종교개혁가 마르틴 루터가 교황의 면죄부 발행에 항의하는 95조의 명제를 발표한 곳이다. "비텔스바하 풍의 비문 문체"라는 말로 하이네는 과장적 수사가 많은 루드비히 1세의 문체를 풍자하고 있다.

종교적임\*; 남편으로서 열정적임;
시대정신에 유혹되었음,
숲에서 근원한 상퀼로트.\*\*

형편없이 춤을 추나, 드높은
털가슴에 의식은 지녔음;
때로는 악취도 풍겼음;
재사(才士)는 아니었으나 성격\*\*\*이 있었음!"

---

\*하이네는 흔히 경망스럽고 부도덕하며 비종교적이라는 비난을 받았다. 따라서 '도덕적', '종교적'이라는 말은 하이네가 자신의 비판자를 풍자하는 수식어가 되었다.
\*\*프랑스 혁명 당시 하층 계급의 과격 공화당원. 이들이 짧은 바지(퀼로트)를 입는 귀족에 반해 긴 바지를 입었기 때문에 이런 명칭으로 불렸다.
\*\*\*"성격"은 비판적 의식 없이 어느 이념을 맹목적으로 추종하는 사람들을 의미한다. 하이네에게 가해진 "재능"은 있으나 "성격"은 없다는 비판을 뒤집은 표현이다.

# 25장

서른세 명의 늙은 여자들\*이,
머리에는 주홍색의
옛 바스크풍 두건을 쓰고,
마을 입구에 서 있었다.

그중 한 명이, 데보라\*\*처럼,
탬버린을 치며 춤추었다,
춤추며 그녀는 찬양의 노래를 불렀다,
곰을 죽인 라스카로를 향해서.

---

\*나폴레옹의 패망 후 다시 복구된 신성로마제국은 모두 33개의 독립된 영주국으로 구성되어 있었다.
\*\*성서의 〈사사기(士師記)〉에 등장하는 여자 예언자. 5장에서 승리의 노래를 부른다.

네 명의 우람한 남자들이
가마에 죽은 곰을 싣고 왔다.
곰은 의자 위에 똑바로 앉아 있었다,
마치 병든 온천 휴양객처럼.

그 뒤로, 죽은 사람의 친척인 양,
라스카로가 우라카와 함께 걸어갔다.
우라카는, 매우 당혹스러워하면서도,
좌로 우로 인사를 했다.

행렬이 시청 앞에서 이르자
시장의 보좌관이 연설을 했다,
그는 매우 많은 일들에 대해
언급을 했다.

예를 들면 해군의 부흥\*에 대해,
언론에 대해,
사탕무 문제\*\*에 대해,
당파심이라는 무서운 히드라\*\*\*에 대해.

\*1814년 나폴레옹이 패망하자 연합국들은 프랑스 해군을 강제로 감축했다. 그러나 1840년대에 이르자 프랑스 해군은 괄목할 만한 부흥을 이루었다.
\*\*영국이 대륙 봉쇄를 실시하는 동안 나폴레옹은 부족한 설탕을 보충하기 위해 사탕무 재배를 적극 권장했다. 그러나 봉쇄가 풀리자 사탕수수를 다시 수입할 것인지, 아니면 사탕무 재배를 계속 권장할지를 둘러싸고 논쟁이 벌어졌다.

장황스럽게 루이 필립****의 업적을
늘어놓다가, 그는 죽은 곰에 대한,
그리고 라스카로의 위대한 행위에 대한
언급으로 넘어갔다.

"그대 라스카로여!" 연사가 외쳤다.
그러면서 그는 삼색의 어깨띠*****로
땀을 닦았다.
"그대 라스카로여! 그대 라스카로여!

그대는 프랑스와 스페인을
아타 트롤로부터 해방시켰도다,
그대는 두 국가의 영웅이로다,
피레네의 라파예트******로다!"

라스카로가 이처럼 공식적으로
자신을 찬양하는 말을 듣자,

---

\*\*\*그리스 신화에 등장하는 머리가 9개인 괴물로. 1840년대 격심한 당쟁에 휩싸여 있던 프랑스 국민의회를 상징한다.
\*\*\*\*1830년 7월 혁명 이후부터 1840년까지 재위한 프랑스의 왕으로. 속칭 "시민왕"이라고 한다.
\*\*\*\*\*프랑스의 국기는 적, 백, 청의 삼색기이다.
\*\*\*\*\*\*라파예트(M. J. du Motier, Marquis de Lafayette, 1757~1834): 프랑스의 장군이자 정치가. 미국의 독립전쟁과 프랑스 혁명에 모두 참여하여 "두 세계의 영웅"이라고 불렸다.

그는 만족하여 소리 없이 웃었다.
그리고 기뻐서 얼굴이 붉어졌다.

기이하게 서두르는 듯한
뚝뚝 끊어지는 음성으로
그는 감사의 말을 더듬거렸다,
이 크나큰 영광에 대해!

사람들은 모두 놀라서
이 전대미문의 광경을 바라보았다,
늙은 여자들은 은밀히
그리고 걱정스럽게 속삭였다.

저 라스카로가 웃다니!
저 라스카로가 얼굴을 붉히다니!
저 라스카로가 말을 하다니!
저자, 마녀의 죽은 자식이!

그날로 아타 트롤은 가죽이 벗겨졌다,
그리고 가죽은 경매에 부쳐졌다.
어느 모피 제조업자가 이 가죽을
1백 프랑에 낙찰 받았다.

그는 가죽을 멋지게 마물렀고,
주홍색 천으로 가장자리를 장식했다.
그러곤 값을 두 배를 받고
이 가죽을 팔아 넘겼다.

세 사람의 주인을 거치고 난 후에야
이 가죽은 줄리에트의 손에 들어왔다.
파리의 그녀 침실 안 침대 앞에
이 가죽은 발 깔개로 놓여 있다.

오, 얼마나 자주, 맨발로,
나는 밤에 내 영웅의 육신의
갈색 껍질 위에 서 있었던가,
아타 트롤의 가죽 위에!

그럴 때면 난 깊은 비애에 젖어
실러*의 시어(詩語)를 생각했다:
노래 속에서 영원히 살아야 하는 것은
삶 속에서는 멸망해야만 한다!**

---

*프리드리히 실러(Johann Christoph Friedrich von Schiller, 1759~1805): 독일의 시인, 역사가, 극작가. 괴테와 함께 독일 고전주의 문학을 대표한다.
**실러의 시 〈그리스의 신들〉의 끝 두 행에 대한 패러디.

## 26장

그런데 뭄마는? 아, 뭄마는
여자이다! 약한 자여, 그것이 여자의 이름이로다!*
아, 여인들이란 도자기처럼
깨어지기 쉬운 존재들이다.

운명의 손이 그녀를 영예롭고 고귀한
남편으로부터 떼어놓았을 때,
그녀는 비탄의 죽음을 맞지 않았다,
그녀는 슬픔 속에서 죽지 않았다.

천만에, 그녀는 반대로 즐겁게

---

*《햄릿》1막 2장의 대사 "약한 자여, 그대의 이름은 여자로다"를 패러디한 것이다.

삶을 계속했다, 여전히
춤을 추었다, 관중들에게
그날의 갈채를 얻어보려고.

보장된 자리 하나를
일생에 걸친 부양처를,
그녀는 파리에서,
자르댕 데 플랑트*에서 찾았다.

지난 일요일
줄리에트와 함께 그곳에 갔을 때,
그녀에게 자연에 대해
식물과 동물들에 대해

기린과 레바논 삼나무에 대해
큰 낙타, 중국산 꿩,
얼룩말에 대해서 설명했을 때,
우리는 이런 저런 이야기를 나누다

마지막으로
곰들이 살고 있는 구덩이의

*파리의 동식물원.

난간 앞에 멈춰 섰다.
하느님 맙소사, 그곳에서 난 무엇을 보았던가!

눈처럼 하얀 털이 달린
시베리아산 거대한 얼음 곰 한 마리가
그곳에서 암곰 한 마리와
질펀한 사랑 놀이를 하고 있었다.

그런데 이 암곰이 바로 뭄마였다!
아타 트롤의 아내였다!
그녀 눈의 부드럽고 축축한
광채에서, 난 그녀를 알아봤다.

그렇다, 그녀였다! 그녀,
남방의 검은 딸! 그녀, 뭄마가
이제는 러시아 놈하고 살고 있다,
북방의 야만인하고!

우리 곁으로 다가온 흑인 한 명이
내게 싱긋 웃으며 말을 걸었다:
"사랑을 나누는 연인들보다
더 아름다운 광경이 있을까요?"

지금 내가 누구와 대화하는
영광을 가졌소? 하고 나는 응대했다.
그러자 그는 놀라서 외쳤다:
"정말 나를 알아보지 못합니까?

나는 프라일리그라트의 시에서
북을 치는 바로 그 흑인 추장이오.
그 당시 난 형편없이 지냈지요,
독일에선 난 매우 외로웠답니다.

그러나 내가 경비원으로 취직한
이곳에서는, 내 열대 조국의
식물들, 그리고 사자와 호랑이를
볼 수 있는 이곳에서는,

훨씬 더 안락하게 잘 지냅니다,
당신네 독일 박람회에 있을 때보다 말입니다,
거기서는 날마다 북을 쳐야 했고
또 아주 형편없는 음식을 먹어야 했지요!

최근에 난 알자스 출신의
금발 요리사와 결혼을 했답니다.
그녀의 품에 안겨 있노라면,

난 완전히 고향에 있는 기분입니다!

그녀의 두 다리는 나에게
성스러운 코끼리를 생각나게 하지요.
그녀가 프랑스어로 말하면,
내 귀에는 그것이 검은 모국어처럼 울린답니다.

가끔씩 그녀는 잔소리를 해대는데,
그러면 나는 해골들이 매달린 북의
요란한 울림을 생각하지요,
뱀과 사자도 그 소리에 달아났습니다.

그러나 달밤에는, 그녀는 매우 감상적이 되어,
악어처럼 운답니다,
서늘한 공기를 즐기려 미지근한 강물 위로
머리를 내밀고 내다보는 악어처럼.

그리고 그녀는 내게 맛있는 음식을 줍니다!
나는 살이 쪄가지요. 예전의
아프리카인다운 식욕으로, 니제르 강변에서처럼,
나는 다시 먹어치웁니다!

이미 배가 둥글게 나오도록 살이 쪘습니다,

셔츠 밖으로 이게 튀어나와 보입니다,
마치 하얀 구름에서 빠져나온
검은 달처럼 말입니다."

# 27장

(아우구스트 바른하겐 폰 엔제에게)

루드비히* 선생, 당신은 어디서,
이 모든 어리석고 황당무계한 것들을
주워왔소? 하고 에스테의
추기경이 외쳤습니다,

그가 롤랑의 미친 짓에 대한
시를 읽고 났을 때 말입니다,
그 시집은 아리오스트가 공손하게
추기경 전하(殿下)께 바친 것이었지요.**

*루도비코 아리오스트(Ludovico Ariost, 1474~1533): 이탈리아의 시인. 루드비히(Ludwig)는 루도비코(Ludovico)의 독일어 변형이다.
**일화에 따르면 아리오스트의 후원자였던 에스테의 추기경 히폴리트는 그가 쓴 서사시 〈미친 롤랑〉을 헌정 받고 다음과 같이 말했다 한다: "루도비코 선생, 당신은 어디서 이 모든 어리석고 황당무계한 것들을 주워 왔소?"

그렇소, 바른하겐, 오랜 친구여,
그렇소, 나는 당신의 입술 주위에
그와 거의 똑같은 말들이 떠도는 것을 봅니다,
똑같은 미미한 미소와 함께.

이따금씩 당신은 읽다가도 웃는군요!
그러나 때로는 당신의 높은 이마가
진지하게 찌푸려질지도 모르겠습니다.
추억이 살며시 당신을 덮칩니다.

"이것은 내가 샤미소와 함께,
그리고 브렌타노 그리고 푸케와 함께,*
푸르른 달빛이 비치는 밤에 꾸었던
젊은 날의 꿈처럼 울리지 않는가.

이것은 사라진 숲 속 예배당의
경건한 종소리가 아닌가.
그사이에 익살스럽게, 잘 알고 있는
어릿광대 모자의 방울 소리가 울리지 않는가?


*샤미소(Adalbert von Chamisso, 1781~1838), 브렌타노(Clemens Brentano, 1778~1842), 푸케(Friedrich Baron de la Motte Fouque, 1777~1843)는 모두 독일 낭만주의 문학을 대표하는 시인들로, 가장 유명한 작품으로는 푸케의 창작동화 《운디네》가 있다.

나이팅게일의 합창 소리 사이로
곰의 으르렁대는 낮은 음이 뚫고 들어온다,
둔중하게, 멀리서 천둥이 울리듯.
이 소리는 다시 유령의 속삭임으로 바뀌는구나!

영리한 척하는 광기!
제정신이 아닌 지혜!
갑자기 웃음으로 돌변하는
죽음의 탄식!"

그렇소, 내 친구여, 이것들은 오래전
사라진 꿈의 시대의 울림들이오.
다만, 이따금 이 옛 기본음에
현대적 떨리는 음이 어른대지요.

그 오만과 방자함에도,
여기저기 의기소침한 음들이 느껴집니다.
이제 관대하고 너그러운 당신에게
이 시를 맡깁니다!

아, 이 시는 아마도 낭만(浪漫)이 남긴
마지막 자유로운 숲의 노래일 것이오!
시대의 화재와 싸움의 소음 속에서

이 시는 비참하게 사라질 것이오.

다른 시대, 다른 새들!
다른 새들, 다른 노래들!
이 무슨 꽥꽥 소립니까, 카피톨을 구했다는
거위들의 울음소리 같은 이 소리는!*

이 무슨 짹짹 소립니까! 참새들입니다,
발톱에 일전짜리 등불을 움켜쥔.
이 참새들이 마치 번개 화살을 가진
주피터의 독수리인 양 행세합니다.**

이 무슨 꾸꾸 소립니까! 야생 비둘기입니다.
사랑이 지겨워져서, 증오하려 합니다.
그래서 이제부턴 베누스의 마차*** 대신에
벨로나****의 마차만 장식한답니다!

이 무슨 웅웅 소립니까, 세상을 뒤흔드는 듯!
이들은 민중의 봄을 알리는

*전설에 따르면 갈리아족이 로마를 공격하기 전에 거위들이 요란하게 울어서 이 침입을 경고해주었다 한다.
**번개 화살과 독수리는 주피터(제우스) 신의 상징물이다.
***로마 신화에서 비둘기는 베누스(아프로디테)의 마차를 장식하는 새이다.
****로마 신화에 등장하는 싸움의 여신.

거대한 오월의 풍뎅이입니다.
파괴적 광란에 사로잡힌!

다른 시대! 다른 새들!
다른 새들, 다른 노래들!
내가 다른 귀를 가졌다면,
아마 내 마음에 들었을지도!

해설

# 여름밤의 꿈과 겨울동화: 예술적 정치시의 고전적 전형

**김수용(연세대 독문학과 명예교수)**

## 하이네의 삶의 여정

독일의 시인, 유대인의 혈통, 프랑스에서의 긴 망명 생활, 하인리히 하이네의 삶과 문학에는 이처럼 세 개의 문화권이 서로 교차하고 있다. 현실적인 것을 넘어선 그 어떤 초월적인 진리의 추구는 하이네가 헤브라이즘의 전통으로부터 물려받은 기본적인 성향일 것이다. 그의 철학적 성찰과 역사에 대한 사유, 그리고 예술적 형상화에 대한 집착은 의심할 나위 없이 독일 이상주의 철학 및 문학에 뿌리를 두고 있다. 그리고 풍자와 반어, 기지와 해학을 수단으로 하는 그의 철저한 비판 정신과 현실 참여는 프랑스적 계몽사상과 본질적으로 상응하고 있다. 이 세 개의 서로 다른 성향들은 때로는 보완적으로, 때로는 갈등과 배척의 관계로서 하이네의 생애와 작품 세계를 형성한다. 후세의 연구가들이 하이네의 본성으로 내세운 "내적 분열"이라는 말은 아마도 이처럼 복잡한 하이네의 내적 구조와 연관하여 이해할 수 있을 것이다.

하이네는 1797년 12월 13일 독일 라인 강변의 뒤셀도르프에서 유대인 상인 잠존 하이네와 그의 처 페이라 반 겔더른(후일에는 주로 베티로 불렸다)의 장남으로 태어났다. 전형적인 소상인 가정에서 어린 시절을 보낸 하이네는 고등학교를 마친 후에 부모의 뜻에 따라 상인 수업을 받았다. 그의 부모는 하이네가 함부르크에서 큰 은행을 경영하는 숙부 잘로몬 하이네 같은 대상인이 되기를 바랐다. 그러나 상인으로 성공하려는 이 시도는 실패로 끝났다. 그도 그럴 것이 조심스럽게 자신의 문학적 재능을 발견하기 시작한 미래의 시인에게는 장사에 대한 재능도 관심도 결여되었기 때문이다.

상인 수업이 실패로 끝나자 하이네는 방향을 달리하여 1819년 본 대학에 입학함으로써 학문적 수업을 시작했다. 이후 6년간 그는 본, 괴팅엔, 베를린 대학에서 수학했고, 낭만주의 문학 이론가인 아우구스트 빌헬름 슐레겔과 철학자 헤겔 등 저명한 학자들과 교류할 기회를 가졌다. 1825년 괴팅엔 대학에서 법학박사 학위를 취득함으로써 그는 짧지 않은 수업시대를 마쳤다.

학업을 마친 후 하이네는 학력을 바탕으로 하여 안정된 직장을 얻으려고 노력했다. 함부르크에서 법률사무소를 여는 것도 고려해보았고, 이 계획이 여의치 않게 되자 뮌헨에서 교수직을 얻으려고도 노력했다. 그러나 이러한 시도들은 당시 독일 내에 팽배했던 반유대적 정서, 그리고 그간 이미 유명해진 하이네의

《여행 화첩(Reisebilder)》에 대한 보수적 인사들의 노골적인 혐오감으로 해서 좌절되었다. 이후 하이네는 고정된 직업을 얻으려는 모든 노력을 포기하고 작가로서의 길에 들어섰다.

하이네의 초기 작품 중 가장 유명한 것은 시집 《노래의 책(Buch der Lieder)》이다. 1826년까지 발표된 시들 중 중요한 작품들을 모아 놓은 이 시집은 〈로렐라이〉, 〈그대 한 송이 꽃과도 같이〉, 〈노래의 날개 위에〉 등 많은 아름다운 시들이 망라되어 있어 후일 서정적 연애시인으로서의 하이네의 명성을 확고하게 만들었다. 아직도 많은 곳에서 하이네가 오로지 '서정시인'으로 알려져 있는 것은 바로 이 시집의 명성 때문이다.

시집 《노래의 책》을 일관하는 주제는 '불행한 사랑'이다. 하이네는 이 시들에서 사랑을 인류의 역사가 지속되는 한 늘 되풀이되는 '고통'으로 묘사하고 있다. '불행한' 사랑은 "오래된 이야기"이기도 하고 "항시 다시 새로워지는" 이야기이기도 한 것이다. 하이네가 사랑을 이처럼 '고통'이나 '불행'과 연관시킨 배경에는 사촌 누이인 아말리에에 대한 불행한 사랑의 체험이 자리한다. 함부르크에서 상인 수업을 받던 중 하이네는 숙부 잘로몬 하이네의 딸인 아말리에에 대한 깊은 사랑에 빠졌으나, 부유한 대은행가의 딸이 가난한 사촌 오빠에게 장래를 허락할 리 만무했다. 이 실패한 첫사랑의 체험은 하이네에게 일생 지울 수 없는 큰 상처를 남겼다.

하이네는 《노래의 책》에서 아주 새로운 시 형식을 시험하고 있다. 그는 우선 전통적인 서정시의 틀에서 크게 벗어난 민요

풍의 형식을 대거 도입하였으며, 또 아이러니, 풍자, 해학 등을 수단으로 하여 자신의 주관적 감정에 대해 일정한 비판적 거리를 유지하는 여유를 보이기도 했다. 말하자면 하이네는 형식과 기교, 그리고 서정적 자아의 기본 자세에서 낭만주의적 서정시 및 괴테의 '체험시'의 전통에서 벗어난 독자적인 영역을 구축한 것이다. 바로 이러한 이유로 해서 하이네는 현대시의 창시자로 간주되기도 한다.

하이네의 초기 시들에서 간혹 나타나는 날카로운 현실 비판, 즉 풍자와 아이러니, 위트와 유머를 통한 거짓 환상의 파괴는 그의 초기 산문 작품들, 특히 《여행 화첩》에서 대가적인 솜씨로 표출된다. 《여행 화첩》에 실린 그의 기행문들은 저술가로서 하이네의 명성을 확고히 해주었으며, 그가 여기에서 다룬 문제들은 그의 일생에 걸친 저술 활동의 소재가 되었다.

하이네가 《여행 화첩》에서 가장 중요한 테마로 다룬 것은 민중의 해방이었다. 그는 독일의 여러 지역, 폴란드, 영국, 이탈리아 등을 여행하면서 아직도 남아 있는 앙시앵 레짐의 무거운 짐을 지고 신음하는 민중들의 고통, 서서히 부상하기 시작한 새로운 사회적 질서로서의 시민 사회, 그리고 유럽의 도처에서 진행되고 있는 낡은 질서와 진보적 세력 간의 싸움을 목격했다. 이러한 급변하는 정치적, 사회적 상황에서 하이네가 가장 중요한 시대의 문제로 단정한 것은 민중의 해방이었다. "더 이상 왕관을 쓴 추장들이 아니라 민중들 자신이 이 새로운 시대의 주인공"이라고 한 것이 그의 신념이었다.

이러한 민중의 해방, 하이네가 "우리 시대의 종교"라고 부른 민중들의 "자유"에 대한 가장 큰 적은 앙시앵 레짐의 두 축인 봉건 귀족과 가톨릭 교회였다. 교회와 귀족을 그는 민중을 속이는 거짓의 후견자, 낡은 시대의 유물, 그리고 무엇보다도 인류의 역사적 발전을 가로막는 방해자로 규정했다. 민중의 정치적, 사회적 해방을 위한 투쟁의 열정에 도취해서 그는 때로는 자신을 "시인"이 아니라 "해방 전쟁의 병사"로 보아줄 것을 요구하기도 했다.

그러나 하이네는 곧 참여 작가로서의 활동에 한계를 느껴야 했다. 특히 1830년 프랑스의 7월 혁명 이후 하이네를 포함한 진보적 지식인들에 대한 감시의 강화와 보수 세력의 역공세, 무엇보다도 한층 엄격해진 검열로 인하여 그는 저술 활동에 심각한 지장을 받게 되었다. 이러한 독일 내 상황의 암울함에 더하여 7월 혁명 이후 종전보다 훨씬 큰 자유화를 이룬 프랑스에서 자유롭게 사유하며, 자유롭게 글을 쓰고, 자유롭게 살고 싶은 강한 욕구가 파리로 가려는 그의 결단을 촉구했다. 하이네의 프랑스 망명은 이렇게 해서 이루어졌다. 후일 하이네가 친구에게 보낸 편지에서 실토했듯이, 그의 파리 망명은 "자유로운 사유에 바쳐진 희생"이었다. 1831년 5월 1일 하이네는 함부르크를 출발하여 5월 19일 파리에 도착했다.

하이네는 파리로의 망명 후에도 그가 독일에 있을 때부터 추구해온 인간 해방과 자유의 문제를 집중적으로 다루었고, 이 문제를 저술 활동의 중심 테마로 삼음으로써 낡은 봉건적 체제와의 투쟁을 계속했다. 그러나 이제 이 문제에 대한 하이네의 성찰은 독일에서와는 그 차원을 달리하게 된다. 그도 그럴 것이 파리는 당시 세계의 중심 도시였고, 이곳에서 하이네는 모든 중요한 문제들을 범유럽적 관점에서, 그리고 세계사적 차원에서 바라볼 수 있는 시각을 얻을 수 있었기 때문이다. 한 친구에게 보낸 편지에서 하이네는 "나는 파리에서 큰일들을 체험하며, 세계의 역사를 내 자신의 눈으로 보고 있다네. 언젠가는, 내가 살아 있다면, 나는 위대한 역사가가 될 것일세"라고 적고 있다. 하이네의 혁명과 자유에 대한 고찰은 범주적 폭과 역사적 깊이를 얻게 됨으로써 하나의 독자적인 이론으로서 체계를 갖추게 되었다.

그러나 하이네는 파리에서 인간의 자유와 역사적 발전을 가져와야 할 혁명의 실상이 생각했던 것처럼 순수하지도 않고 이상적이지도 못하다는 사실도 뼈저리게 체험해야 했다. 그가 파리에서, 그의 말대로 "물결치는 혁명의 소용돌이에 휩쓸려 가면서", 더 이상 상상이나 환상이 아니라 현실의 문제로서, 현실 정치와의 직접적인 연관하에서 바라본 혁명은 많은 문제점을 가지고 있었다. 따라서 혁명에 대한 열광적 자세가 퇴조하고, 당시의 혁명 운동에 대한 비판적 거리가 확립된 이후 하이네는 낡은 체제에 대한 비판 못지않게 과격하며 맹목적인 혁명 이론이나 운동에 대한 비판도 강화해 갔다. 이로 인해 하이네는 많은 진보적 지식인들이나 혁명론자들과 갈등을 겪어야 했다. 특히 당시 독일 진보 세력의 상징적 인물이던 루드비히 뵈르네에 대한 하이네의 강한 비난은 독일에서의 그의 이름을 크게 훼손했다. 그러나 하이네는 진정한 자유화에 대한 그의 믿음을 굽히지 않았고, 그의 견해로는 왜곡되고 편협한, 그래서 결코 역사의 발전을 가져올 수 없는 혁명 운동에 대한 비판적 거리를 유지했다. 그가 1840년대 이후 대두하기 시작한 공산주의 사상에 대해서도 냉철하게 그 모순점을 꿰뚫어 볼 수 있었던 것은 바로 이러한 기본 자세에서 연유한 것이다.

한편으로는 앙시앵 레짐의 두 축인 봉건적 귀족 정치와 가톨릭 교회에 대한 투쟁, 다른 한편으로는 과격한 혁명론적 이데올로기의 편협함과 맹목성에 대한 비판 — 1840년대 초까지 하이네의 삶은 이러한 양면 투쟁으로 일관되어 있다. 예를 들면 하이네는 괴테 이후 독일 문학의 흐름을 분석한 《낭만주의 학파(Die Romantische Schule)》에서 독일의 낭만주의가 가톨릭적 중세에 대한 강한 동경으로 인해 필연적으로 복고주의적 성향을 본성으로 지녔으며, 그 결과로서 낭만주의 문학은 현대라는 시대에 전혀 걸맞지 않는 '낡은 예술'로 전락했노라고 비판했다. 이러한 낭만주의 비판으로 하이네는 앙시앵 레짐에 대한 투쟁을 문학과 예술의 분야로까지 확대했다. 그러나 1840년에 발표된 《루드비히 뵈르네 한 편의 회고록(Ludwig Börne. Eine Denkschrift)》에서 하이네는 다시금 과격한 혁명 운동을 그의 날카로운 비판의 표적으로 삼고 있다. 그가 뵈르네를 중심으로 하는 급진적 공화주의자들의 가장 큰 문제점으로 지적한 것은 이 혁명 운동이 내세우고 있는 잘못된 평등의 이념, 인간 개개인의 개성까지도 말살하여 인간을 표준화하려는 획일주의였다. 그의 말대로 "사람들의 정신적 차이도 말살하려는" 이 같은 획일화와 표준화가 어떠한 결과를 가져올지 하이네는 정확하게 꿰뚫어 보았다. 그것은 인간의 모든 개성이 무시되고 사람들의 개별적인 삶이 철저하게 거부되는 집단주의 사회, 모든 사람들이 마치 "똑같이 털을 깎이고 똑같은 울음소리를 내는 양 떼"처럼 살아가야 하는 끔찍한 전체주의 국가의 등장일 것이다.

하이네는 급진적 혁명 세력, 특히 1840년대 초부터 대두하기 시작한 사회주의 운동이 초기 자본주의 사회의 많은 모순점을 개선할 수 있다고 믿었으며, 사회 정의의 구현이라는 관점에서는 이 혁명 운동에 동조적이었다. 그러나 예술가로서, 자유주의자로서, 포괄적인 사회개혁을 추구하는 이상주의자로서 그는 오로지 정치적, 사회적 해결책만을 모색하며, 편협한 평등주의를 내세우는 이들과 자신을 동일시할 수 없었다. 하이네가 1840년대 초부터 점차 이론적인 저서를 줄이고 다시금 문학 창작에 열성을 기울이며, 정치적 참여만을 내세우는 이른바 "경향 문학"에 대항해서 예술의 자율성과 미적 가치를 강조하기 시작한 것은 이러한 맥락에서 이해될 수 있다. 앞에 번역된 두 편의 운문서사시 〈독일. 어느 겨울동화〉와 〈아타 트롤. 한 여름밤의 꿈〉은 하이네의 새로운 예술 활동의 대표적 결실이다.

그러나 1840년대 중반부터 병고가 하이네의 삶에 큰 그림자를 드리우기 시작했다. 젊은 시절부터 병에 시달리던 하이네의 건강은 40년대 중반부터 악화되기 시작했고, 1848년 6월에는 마침내 쓰러지고 말았다. 이후 그는 죽기까지 8년 동안 사지를 전혀 움직이지 못하고 침대에 묶여 있어야 하는 이른바 "매트리스 무덤 시기"를 보내야 했다. 사회적 활동은 완전히 불가능해졌고, 곁을 지켜주는 아내 마틸데를 제외하고는 철저하게 고립된 삶을 살아야 했다.

　죽음과, 그리고 죽음보다도 더 견디기 어려운 고통과의 마지막 투쟁이 시작되었다. 고통에 못 이겨 하이네는 때로는 죽음을 원하기도 했다. 그래서 "소름 끼치는 달팽이"같이 "그저 느릿느릿 기어가는 시간"을 저주하기도 했다. 그러나 이러한 절망적 상황에서도 하이네는 자유를 위한 길고 험한 투쟁에서의 병사로서 자신의 정체성을 뚜렷하게 의식했고, 위대한 시인으로서의 자신의 모습을 필사적으로 지키려고 했다.

　자유를 위한 전사로서, 그리고 위대한 시인으로서의 자의식은 육체적으로 처참하게 무너진 하이네가 죽음을 앞두고도 품위와 존엄성을 지킬 수 있는 마지막 힘의 원천이었다. 1856년 2월 17일 하이네는 마티뇽가 3번지의 자택에서 숨을 거두었다.


예술적 참여시와 참여의 예술화

1842년에 처음 발표된 《아타 트롤. 한 여름밤의 꿈》은 정치적 현실참여를 주창했던 하이네의 앙가쥬망 예술론이 크게 후퇴한 징후를 여러 곳에서 보여준다. 작품의 서두에서 시인은 이 운문시가 그저 "한 여름밤의 꿈"일뿐, 그 어떤 현실적 목적도 추구하지 않는다고 강조한다. "내 노래는/ 환상적이며 목적이 없다"라는 말은 이 작품이 현실의 모든 문제를 떠난 비현실의 세계에서 자신의 존재 영역을 찾는 이른바 '순수 예술'이라는 선언이기도 하다. 하이네가 《아타 트롤》을 "낭만적"이라고 규정하고 있는 것도 작품의 순수예술적 본성의 강조이다. 마지막 장에서도 시인은 이 작품이 "낭만이 남긴 마지막 자유로운 숲의 노래"라고 선언한다.

그렇다면 《아타 트롤》은 과연 시인의 선언대로 아무런 이념적 경향도 가지지 않은 그야말로 순수한 예술일까? 이러한 가설은 작가 자신의 작품에 대한 언급만 고려해보아도 수긍하기 어렵다. 그도 그럴 것이 하이네는 《아타 트롤》의 내용이 "모든 경향시(傾向詩)에 대한 의도적 반대"이자 "시대의 이념들에 대한 야유"라고 공언했고 또 작품의 〈서문〉에서 이 운문시가 현실에 대해 치열하게 성찰하고 비판하는 '현실적' 문학이라고 밝히고 있기 때문이다.

〈서문〉에서 하이네는 당시 유행하던 이른바 "정치 문학"의 특성으로서 "죽음을 무릅쓰고 보편성의 바다로 뛰어드는 그 쓸모없는 열광"과 "비생산적인 열정"을 들었다. "죽음을 무릅쓰다", "열정", "열광" 등의 단어들은 당시의 정치문학이 어떤 특정한 이념이나 사상을 맹목적으로 추종하며, 그 결과 이들에 대해 아무런 비판적 성찰을 할 능력을 갖추지 못했음을 암시한다. 즉 비판적 시각의 결여로 인해 이들 이념과 사상은 궁극적인 '진리'로 둔갑하여, 종교에서 그러하듯, 절대적인 믿음의 대상이 된 것이다. 이러한 '절대적' 진리가 어떠한 의심이나 회의, 또는 객관적이고 사실적인 시각을 허용하지 않기에, 사람들은 이 '진리'에 "열광"해야 하며, 이 '진리'를 위해 기꺼이 순교할 마음의 자세를 가져야 한다. 즉 "죽음을 무릅써야"해야 하는 것이다. "보편성" 또는 "막연함" 등의 단어는 이들 이념과 사상이 추상적이고 비현실적임에 대한 암시이다. 추상적이고 비현실적인 이념, 즉 현실에서 구현될 수 없는 이념에 대한 맹목적 "열광"이 "비생산적"이며 "쓸모없음"은 당연한 귀결이다.

맹목적이며 열광적인 믿음은 마치 마약처럼 인간의 정신을 마비시킨다. 하이네는《아타 트롤》의 '목적'이 정신을 마비시키는 열광적 믿음으로부터 정신의 자유를 지키는 것이라고 단정한다. 즉 이 운문시는 그의 말대로 "결코 양도할 수 없는 정신의 권리"를 지키려는 목적을 가지고 있는 것이다. 달리 말하자면《아타 트롤》의 과시적인 '목적 없음'과 의도적인 '낭만성'은 기형적으로 변질된 이념들과 이 이념들을 전파하고 대중을 세뇌하는 당시의 정치적 "경향시"에 대한 비판과 투쟁의 수단인 것이다.

《아타 트롤》은 아타 트롤이라는 이름을 가진 한 "경향 곰"의 이야기이다. 아타 트롤이 "경향 곰"인 것은 이 곰이 당시의 "경향시"처럼 급진적 이념들을 대변하고 있기 때문이다. 이 급진적 이념들 중 하이네가 가장 문제시한 것은 과격한 평등사상이다. 이 평등사상의 문제는 30년대 중반부터 하이네 작품들의 가장 중요한 주제로서 나타나고 있는바, 이는 그가 바로 이 평등사상에서 맹목적인 이념 추종이 이념을 기형화하고 그 원래 의미를 왜곡하는 전형적 실례를 보고 있음을 의미한다.

쇠사슬에 묶이고 채찍질을 당하며 시장에서 춤을 추던 아타 트롤은 사슬을 끊고 산으로 달아난 후, 모든 동물이 단결하여 동물을 지배하고 착취하는 인간들로부터 해방된 "정당한 동물 나라"를 세울 생각을 한다. 이 "동물나라"의 첫 번째 원칙이 바로 "엄격한 평등"이다. 이 "엄격한 평등"은 "신앙의 구분도", "털과 냄새의 구분도" 배격하며, "사자"와 "당나귀"도 완전히 같은 존재로 본다. 어떠한 개별성도 인정되지 않는 것이다.

인본주의에 입각하고 자연법에 뿌리를 둔 인간 평등의 요구는 물론 근대 민주주의의 기본을 이루는 이념이다. 그러나 평등은 인간의 개성을 무시하고 정신적인 자질의 차이도 인정하지 않는 획일화를 의미하지는 않는다. 모든 인간은 기회의 균등과 법 앞에서의 평등한 권리를 가져야 한다. 그러나 이는 모든 인간이 똑같은 존재가 되어야 함을 뜻하지 않는다. 비유하자면 "사자"와 "당나귀"는 천성적으로 다른 존재인 것이다.

아타 트롤적 평등사상의 과격함은 그의 사유재산 철폐 요구에서도 그대로 드러난다. 이 경향 곰은 사유재산 제도만 철폐하면 부의 공정한 분배가 이루어지리라고 믿는다. 즉, 사유 재산의 철폐가 얼마나 과격한 조치이며, 인간의 소유욕을 억제한다는 것이 현실적으로는 거의 불가능한 일이라는 사실은 전혀 고려하지 않는 것이다.

인간의 본성에 내재하는 욕망의 제어는, 물론 숭고하고 지극히 도덕적이며 지고한 정신적 행위이다. 인간이 조금이라도 욕망을 제어할 수 있다면 세계는 훨씬 더 평화롭고 정의로워 질 것이다. 그러나 '금욕'은 결코 쉽사리 이루어질 수 없는 이상적 목표이다. 사실 '지극히 도덕적'이라는 말은, 바꾸어 말하면 현실에서 실행되기가 거의 불가능함을 의미하는 것이기도 하다. 하이네는 사유재산이 없는 공산주의 이상을 "백합의 꿈처럼 순수하다"고 말하기도 했다. 백합의 일반적인 이미지는 고결한 순수함이다. "꿈"은 세속적 '현실'에서 벗어난 순수함의 영역에 자리하고 있다. 말하자면 백합의 꿈은 '지고한 순수함'에 대한 비유이다. 공산주의 이상이 백합의 꿈처럼 순수하다는 것은 이 이상이 더할 수 없이 순수하다는 것을, 역설적으로 말하면 바로 그 지고한 순수함으로 해서 현실에서는 실현이 불가능하다는 것을 의미한다. 이 이상은 이상적인 "꿈"으로서나 가능한 것이다. 따라서 아타 트롤이 이러한 공산주의 이상을 실현하기 위해 사유재산 제도의 철폐를 당장이라도 실행해야 하고, 또 그렇게 할 수 있다고 생각하는 것은 그의 이념적 접근이 얼마나 급진적이고 과격하며 또 비현실적인지를 보여준다. 그가 사유재산 제도와 개인의 소유권만 철폐하면 모든 문제가 해결되리라고 생각하는 것은 이 과격한 "경향 곰"이 공산주의 사상의 근간을 이루는 사회정의 이념을 지극히 피상적이고 표면적으로 이해하고 있음을 보여주고 있다.

 이러한 과격한 평등사상 이외에도 아타 트롤은 이른바 진보적 정치 세력의 많은 모순점을 그대로 노출시키고 있다. 그의 주의 주장은 지나치게 광범위하고 목표가 모호하며, 때로는 낡은 사상과의 기묘한 타협도 시도된다. 더욱이 그의 주장은 수사학적 차원에서 벗어나지 못하고 있으며, 따라서 내세운 이념을 실행에 옮기는 어떠한 행동도 이루어지지 않는다. 어느 연구자의 말대로 아타 트롤은 "이론가로서는 지나치게 무비판적이고, 정치가로서는 지나치게 조심성이 없었던 것이다". 따라서 그가 중세, 즉 죽어버린 낡은 체제와 계몽되지 못한 미신의 세계를 상징하는 사냥꾼 라스카로에게 죽임을 당하는 것은 당연한 귀결이다. 추상적 이념과 비현실적 꿈에만 잠겨 있는 독일의 진보 세력은 아직 건재한 복고 세력의 적수가 될 수 없는 것이다.

하이네가 《아타 트롤》의 본성으로 내세운 "목적 없음", "꿈", "환상", "낭만적" 등등의 표어들은 경향 곰 아타 트롤로 대변되는 과격하고 맹목적이며 교조화된 이데올로기의 해체와 폭로를 위한 수단이다. 왜냐하면 이러한 "목적 없는" "낭만적" 비현실의 세계에서는, 사람들이 목적에 '매달려 있는' 현실 세계에 대해 거리를 두고 냉담하고 객관적이며 비판적으로 바라볼 수 있기 때문이다. 말하자면 하이네의 "목적 없는" 낭만적 순수시는 사실, 현실 정치적 성격을 가진 높은 수준의 '참여'인 것이다. 하이네 자신도 이 작품의 "낭만주의"가 "예전 (낭만주의) 학파의 연약한 음조"가 아니라 "현대적 유머의 대담한 방식"을 가진 변형된 '현대적' 낭만주의임을 분명히 밝힌 바 있다.

《아타 트롤》의 이러한 현대적 낭만주의가 가지는 가장 두드러지는 특성은 끊임없는 '각성'의 요구이다. 시인은 모든 낭만적이며 환상적인 묘사와 서술에도 불구하고 결코 이에 몰입되지 않고 깨어 있으려 한다. 그는 라스카로와의 사냥 여행에서 온갖 설화적 인물들과 기이한 사건들을 묘사함으로써 환상적인 분위기를 연출한다. 그러나 그는 동시에 여러 수단을 동원하여 이 '낭만적' 환상으로부터 깨어난다. "그래, 나는 입 맞춘다, 고로 나는 살아 있다"처럼 유명한 데카르트의 철학 명제를 우스꽝스럽게 패러디함으로써 웃음을 유발하는 것도 각성의 한 수단이다. "내 자신 마법도 걸린 것인가/ 아니면 내 머릿속이 아직도 열로 달아오르고 있는것일까?" 같은 의문, 말하자면 '이게 꿈이야 생시야?' 식의 의문 역시 그다음에 전개될 이야기들이 현실이 아니라 환상임에 대한 분명한 암시이다. 이러한 암시를 통해서 시인은 독자에게도 이 환상에 몰입하지 말 것을 요구하고 있다. 깨어 있어야만 독자는 현실을 비판적으로 바라볼 수 있기 때문이다. 이러한 관점에서 보면 이른바 '낭만적' 순수시 《아타 트롤》에는 편협한 경향 시인들에게서는 결코 볼 수 없는 또 다른 형태의 수준 높은 현실 참여가 함축되어 있다. 한 저명한 하이네 연구자가 규정한 것처럼 이 다른 형태의 참여는 "참여의 통상적 모델을 극복한 참여", 일상적으로 '참여'라 불리는 "거짓의 마법"과 단절한 참여이다. 《아타 트롤》의 "낭만주의"는 이 새로운 참여의 "수단"인 것이다.

《아타 트롤》이 예술을 전면에 내세운 '간접적' 현실 참여라면

3년 후에 집필된 《독일, 어느 겨울동화》는 '직접적' 현실 참여를 내세운 정치 문학이 형식과 문체, 아이러니와 풍자 등의 미적 수단을 통해 '예술 작품'으로 승화된 경우이다.

작가인 하이네 자신이 "운문으로 쓴 여행기"라고 불렀듯이 이 작품은 1843년 가을과 겨울에 걸친 하이네의 독일 방문, 즉 파리로 망명을 한 후 만 12년 만의 독일 여행이 모체가 된 여행시이다. 모두 27장으로 이루어진 이 작품은 아주 독특한 구조를 가지고 있다. 작품 전체를 일관하여 서로 상반되는 요소들이 끊임없이 교체되고 있는 것이다. 사실적이며 개인적인 여행 체험의 기술과 여러 꿈 장면의 묘사에서 나타나는 환상적, 허구적 이야기들, 세계와 역사에 대한 이념적이며 근원적 성찰과 지극히 현실적인 정치적 고려들, 인류의 역사적 발전에 대한 열정적 소망과 이러한 것들을 상쇄하는 반어와 풍자 간의 반복되는 교체가 바로 그것이다. 그리고 이러한 상호 모순되는 것들의 교체를 통하여 《겨울동화》는 단순한 여행 중의 풍물묘사나 개인적 여행 체험 기술의 한계를 뛰어넘어 1840년대 독일의 상황에 대한 하나의 총체적인 그림을 전달해주고 있다.

"겨울동화"라는 부제가 시사하듯이 하이네는 당시 독일 상황의 총체적인 모습을 "겨울"이라는 단어로 특징짓고 있다. 당시의 정치적, 사회적 모습을 '겨울'이라는 말이 연상시키는 추위, 얼어붙음 등과 의도적으로 연결시킨 것이다. 모든 것이 꽁꽁 얼어붙은 겨울의 모습은 역사적 발전에 대한 기대는커녕 어떠한 변화의 움직임도 불가능했던 당시의 상황에 대한 비유이다. 그도 그럴 것이 이미 낡아버린 앙시앵 레짐의 복고를 위한 과거 지향적 노력이 3월 혁명 이전의 독일을 '정체'라는 얼음장 속에 가두어두고 있었기 때문이다.

이러한 연유로 해서 《겨울동화》는 독일과 전 유럽에 프랑스 혁명 이전의 낡은 체제를 복고시키려는 모든 것들을 공격 목표로 삼고 있다. 아헨의 하프 켜는 소녀와 그녀의 "체념의 노래"에 대한 시인의 언급은 반동적 복고주의 이데올로기로 전락한 가톨릭 교회의 실체에 대한 비판이다. 그도 그럴 것이 고통과 희생으로 점철된 이승에서의 삶이 가치 없음과 저 세상에서의 복락을 찬양하는 "체념의 노래"는 민중들로 하여금 오로지 저 세상에서의 복된 삶만을 소망하게 하여 그들의 실질적 삶의 현실과 그 현실의 개선에 대한 관심, 즉 그들의 현실 의식을 잠재우는 역할을 하기 때문이다. 이 "체념의 노래"는 "덩치 큰 무뢰한 민중이 울면/ 그들을 다시 잠재우는" "하늘의 자장가"인 것이다.

바르바로사 장에서 시인은 대두하기 시작한 독일 민족주의의 과거 지향적이며 배타적인 성향을 경고하고 있다. 그의 붉은 수염 때문에 바르바로사('붉은 수염'이라는 의미)로 불려진 프리드리히 1세를 둘러싼 전설, 12세기 말에 죽은 이 황제가 다시 부활하여 독일을 구원할 것이라는 민간 전설은 독일 국민의 민족적 의식과 자부심을 고양시키는 역할을 해 왔다. 그러나 이 전설은 프랑스 혁명과 뒤이은 나폴레옹 전쟁 이후 점차 강한 복고주의적 성향과 반프랑스적인 경향을 띠게 되었고, 당시의 복고주의 및 반자유주의 세력이 기존의 봉건적 체제를 유지하면서 독일 통일을 추구해 가는, 이른바 봉건적 민족주의 운동의 이데올로기로 이용되었다. 이들은 바르바로사 전설에 내재된 독일 구원의 약속이 프러시아의 주도하에 독일을 새로운 제국으로 통일시킴으로써 성취된다는 믿음을 은연중에 전파시키고 있었다. 따라서 하이네의 이 민족주의적 전설과의 논쟁은 그가 《낭만주의 학파》 및 《독일의 종교와 철학에 대하여》에서 시작한 '독일적 이데올로기'에 대한 비판의 연장으로 이해될 수 있다. 그는 바르바로사 전설이 그저 우매한 민중의 "미신"이며, 이 구원자 황제가 사실은 "낡은 설화적 존재"에 불과하다는 사실을 코믹하게 밝히고 있다. "당신 없이도 우리는 우리를 구원해낼 수 있소"라는 단언이 시인이 이 전설에 대해 내린 최종 결론이다.

《겨울동화》에서 하이네는 가톨릭 교회와 독일의 복고적 민족주의뿐 아니라 독일의 시민계급도 신랄하게 비판하고 있다. 그는 독일에서는 프랑스 대혁명과 같은 시민 혁명, 즉 자유주의적인 신흥 시민계급이 낡은 구체제를 전복시키는 혁명은 불가능함을 잘 인지하고 있었다. 여행 중의 시인과 하모니아 간의 대화는 하이네가 독일 시민계급의 속성을 예리하게 꿰뚫어 보고 있음을 잘 말해준다. 무역과 상업의 도시 함부르크의 수호신인 하모니아로 대변되는 독일 시민계급은 "점진적 개선"이라는 자기 기만적 변명을 내세움으로써 복고주의 세력과 타협을 하고 현실에 안주하려 한다. 더욱이 이들은 한때 낡은 봉건 체제에 대항하여 높이 쳐들었던 자유와 해방의 이상을, "백합의 꿈처럼 순수한" "가슴에 품고 있는 이상"을 그들의 실질적인 경제적 이익, 즉 "실질적인 외적 자유"를 위해 내버릴 준비가 되어 있었다. 하이네의 비판적 안목은 그와 타협적인 시민계급 사이에 어떤 정치적, 이념적 연계도 불가능함을 직시했다. 시인과 하모니아 간의 가상적인 결혼, 그러나 시인의 남성이 검열관의 가위로 거세됨으로 해서 그 어떤 결과도 기대할 수 없게 된 결혼은 하이네와 당시의 독일 시민계급 간의 관계를 상징적으로 보여준다.

하이네의 《겨울동화》는 그러나 독일의 복고주의 세력이나 가톨릭 교회, 그리고 현실 타협적인 시민계급만을 비판의 대상으로 삼지 않았다. 독일의 급진적인 공화주의자들, 무엇보다도 맹목적인 행동에 나서려는 혁명론자들 역시 이 서사시의 날카로운 비판의 대상이었다. 작품 제6장에서 시작되는 시인과 그의 '분신(分身)' 간의 대화는 하이네와 혁명주의자들 간의 관계를 잘 보여준다. '분신'은 자신을 시인의 '생각'을 실천에 옮기는 '행동'이라고 소개한다. 그러나 이 분신의 행동은 '맹목적'이다. 그는 주체로서의 비판적 성찰 능력을 전혀 가지지 못하고 있기에 그저 "종의 복종심을 가지고" 시인의 판결을 집행한다, "비록 그 판결이 정당하지 못할지라도".

비판적 사유를 근본적 속성으로 가진 시인은 결코 노예와 같은 맹목적 복종심을 가지고 어떠한 주저나 망설임 없이 행동할 수는 없다. 이를 혁명의 실행에 비유해보자면, 시인이 맹목적,

무비판적인 혁명과 자신을 일체화시킬 수 없음을 의미한다. 어떠한 혁명도 근본적으로는 더 나은 세계를 만드는 '수단'일 따름이다. 그러나 맹목적으로 혁명을 실행하려는 사람들에게는 혁명은 수단이 아니라 '목적'이 된다. 달리 말하면 '더 나은 세계를 위한' 혁명이 아니라 '혁명을 위한' 혁명이 되는 것이다. 이러한 이유로 해서 하이네는 맹목적으로 혁명을 행동으로 실천하려는 과격한 정치 세력과도 결코 유보 없는 일체감을 가질 수 없었다.

하이네의 《겨울동화》는 반동적 복고주의, 아직도 지배 체제로 남아 있는 봉건제도, 이것들의 이데올로기로 전락한 가톨릭의 낡은 교리, 편협한 민족주의와 낡은 국가 이념을 근간으로 하는 프러시아의 대두 등 독일의 모든 전현대적 현상에 대한 날카로운 비판을 함유하고 있다. 그러나 이 작품은 미래의 혁명을 준비해가는 급진적인 세력도 비판의 대상으로 삼았다. 하이네의 비판적 기본 성향이 급진 세력의 맹목적인 혁명 의식과 융화될 수 없었기 때문이다. 한 저명한 철학자의 말대로 하이네의 《겨울동화》는 "총체적이고 절대적인 비판의 수록"인 것이다.

**하인리히 하이네
연보**

| | |
|---|---|
| 12월 13일, 라인 강변의 뒤셀도르프에서 가난한 유대 상인 가정의 장남으로 태어남. 본명은 하리 하이네(Harry Heine). | 1797 |
| 뒤셀도르프의 리체움에서 수학. 프랑스 점령기에 어린 시절을 보내며 당시 뒤셀도르프의 복잡한 정치적 상황에 많은 영향을 받음. | 1807 ~ 1814 |
| 나폴레옹이 뒤셀도르프에 체류하는 동안 그를 직접 보고 깊은 인상을 받음. | 1811 |
| 은행가 린츠코프의 견습생으로 일하기 위해 프랑크푸르트로 감. 이곳에서 루드비히 뵈르네와 알게 됨. | 1815 |
| 함부르크의 은행가인 숙부 잘로몬 하이네가 소유한 헥켜 은행의 견습생이 됨. | 1816 |
| 잡지 《함부르크의 파수꾼》에 첫 시 작품이 실림. 숙부의 딸 아말리에와 사랑에 빠지나 실연 | 1817 |

의 큰 아픔을 겪음.

| | |
|---|---|
| 숙부 잘로몬의 지원으로 함부르크에 하리 하이네 상사를 차려 직물도매상을 시작했으나 6개월 만에 파산. | 1818 |
| 숙부의 권유로 본 대학에서 법학 공부 시작. 그러나 법학보다는 문학에 더 관심을 두고 낭만주의 문학의 이론가인 슐레겔, 아른트, 횔만 등의 문학 강의를 주로 들음. | 1819 |
| 아버지의 파산으로 뒤셀도르프를 떠나게 됨. 법학 공부를 계속하기 위해 괴팅겐 대학에 입학. 대학생조합에 가입했으나 유대인이라는 이유로 마찰을 겪음. 평론 《낭만주의》, 드라마 《알만조르》를 쓰기 시작하여 이듬해 완성. 시집 《꿈과 노래》를 출간하려다 출판사로부터 거절당함. | 1820 |
| 동급생과의 결투 사건으로 괴팅겐 대학에서 퇴학당한 후 베를린 대학에 입학. 이곳에서 헤겔의 철학 강의를 들음. | 1821 ~ 1823 |

| | | |
|---|---|---|
| 4월 《비극과 서정적 간주곡》이 베를린에서 출판됨. 베를린에서 학업을 마치고 부모님이 있는 뤼네부르크로 이동. 아말리에의 동생 테레제와 사랑에 빠지나 다시 비극적인 결말을 맞음. 〈귀향〉 집필. | 1823 | 《비극과 서정적 간주곡》 |
| 법학 공부를 마치기 위해 괴팅겐 대학에 다시 입학. 가을 하르츠 지방을 여행한 후 《하르츠 기행》 집필. | 1824 | |
| 유대교에서 개신교로 개종하고 이름을 '하리 하이네'에서 '하인리히 하이네'로 바꿈. 괴팅겐 대학에서 법학박사학위를 받고 학업을 마침. | 1825 | |

| | |
|---|---|
| 이후 하이네의 거의 모든 작품을 출판해준 율리우스 캄페와의 관계가 시작됨. 5월 《여행화첩》 1권 출간. | 1826 《여행화첩》 1권 |
| 《여행화첩》 2권과 시집 《노래의 책》 출간. 후일 슈베르트, 슈만 등에 의해 음악으로 재탄생되어 오늘날까지 널리 애송되는 이 시집으로, 시인으로서의 명성을 확고히 다짐. | 1827 《여행화첩》 2권<br>《노래의 책》 |
| 베를린에 잠시 체류하다 헤르골란트를 여행함. | 1829 《여행화첩》 3권 |
| 프랑스로 망명. 이후 〈알게마이네 차이퉁〉의 통신원으로 일하며 여러 잡지에 기고. 〈파리의 미술전람회〉 시리즈가 〈교양계층을 위한 조간신문〉에 실리기 시작. 이 글들은 후일 《프랑스의 화가들》이라는 단행본으로 출간됨. | 1831 《여행화첩》 4권 |
| 생시몽주의자들의 집회에 참석. | 1832 《프랑스의 상황》 |
| 《독일 최근 문학의 역사에 대하여》 1, 2부가 파리에서 출간됨. 후일 이 책은 《낭만주의 학파》로 개명됨. | 1833 《살롱》 1권<br>《프랑스의 화가들》 |
| 프랑스 여인 마틸데와 교제. 마틸데는 하이네가 붙여준 애칭으로 본명은 크레첸샤 유진 미라트. | 1834 |
| 12월 10일 독일연방회의가 하이네를 비롯한 청년독일파 작가들의 저작을 판매 금지함. 《살롱》 2권 출간. | 1835 《살롱》 2권<br>《낭만주의 학파》 |
| 〈교양 계층을 위한 조간신문〉에 〈피렌체의 밤〉 연재. | 1836 |
| | 1837 《살롱》 3권 |

| | | |
|---|---|---|
| 셰익스피어 작품 속 여성 캐릭터들에 대한 에세이 《셰익스피어의 소녀와 부인들》 출간. | 1838 | 《셰익스피어의 소녀와 부인들》 |
| 《루드비히 뵈르네. 한 편의 회고록》 출간. 이로 인해 뵈르네 추종자들의 격렬한 비판을 받음. | 1840 | 《루드비히 뵈르네. 한편의 회고록》 《살롱》 4권 |
| 마틸테와 결혼. 두 사람이 함께 여행한 코트레 온천에서 《아타 트롤. 한 여름밤의 꿈》을 구상. | 1841 | |
| 12년만에 고향 독일을 방문하고 다시 파리로 돌아감. 이 시기에 파리로 망명 온 카를 마르크스와 교제. | 1843 | |
| 마지막 독일 방문. 마르크스와 루게가 편집한 《독불연감》에 기고. 《신시집》 출간. 평생에 걸친 후원자였던 숙부 잘로몬 사망. 유산 분쟁이 시작됨. | 1844 | 《신시집》 《독일. 어느 겨울 동화》 |
| 눈병과 몸의 마비 증세가 악화됨. | 1846 | |
| | 1847 | 《아타 트롤. 한 여름밤의 꿈》 |
| 루브르 박물관 방문 도중 쓰러져, 이후 8년 동안 병상 생활을 계속함. | 1848 | |
| 마지막 시집 《로만체로》 출간. | 1851 | 《로만체로》 《파우스트 박사》 |
| 《잡다한 기록》 1, 2, 3권 출간. 2권과 3권에 1840년부터 〈알게마이네 차이퉁〉지에 발표했던 기사들을 정리한 〈루테치아〉 1, 2부가 수록됨. | 1854 | 《잡다한 기록》 |
| 프라하 출신의 신비로운 여인 '무슈'와 교제. 몸의 마비가 심해진 하이네를 위해 그녀가 비 | 1855 | |

서 일을 수행함.

〈무슈를 위하여〉 집필. 2월 17일, 파리 마티뇽 가의 자택에서 사망. 2월 20일, 몽마르트르 묘지에 묻힘.

1856

**옮긴이 김수용**

서울대 독어독문학과와 같은 대학 대학원을 졸업한 뒤, 독일의 본 대학과 뒤셀도르프 대학에서 수학했다. 1980년 뒤셀도르프 대학에서 하이네에 관한 논문으로 박사 학위를 취득하고, 1981년부터 연세대학교 독어독문학과 교수로 재직했다. 현재 연세대학교 명예교수이다. 지은 책으로는 《하이네》《예술의 자율성과 부정의 미학》《아름다움의 미학과 숭고함의 예술론》《괴테 파우스트 휴머니즘 ― 신이 떠난 자리에 인간이 서다》등이 있고, 옮긴 책으로는 《파우스트》등이 있다.

세계문학의 숲 012

## 독일. 어느 겨울동화

2011년 10월 4일 초판 1쇄 인쇄
2011년 10월 10일 초판 1쇄 발행

지은이 | 하인리히 하이네
옮긴이 | 김수용
발행인 | 전재국

발행처 | (주)시공사
출판등록 | 1989년 5월 10일 (제3-248호)

주소 | 서울 서초구 서초동 1628-1 (우편번호 137-879)
전화 | 편집 (02)2046-2851 · 영업 (02)2046-2800
팩스 | 편집 (02)585-1755 · 영업 (02)588-0835
홈페이지 | www.sigongsa.com
세계문학의 숲 홈페이지 | www.sigongclassic.com

ISBN 978-89-527-6314-3 (04850)
　　　978-89-527-5961-0(set)

본서의 내용을 무단 복제하는 것은 저작권법에 의해 금지되어 있습니다.
파본이나 잘못된 책은 구입하신 서점에서 교환하여 드립니다.